The 50 Most Important World Histories to Remember

British historian James A. Froude said, "History is a voice of right and wrong resonating throughout the centuries."

History is a record for learning about our past, reflecting, and realizing what is right — because human wisdom and moral values do not change.

If you study history, you can learn to how to deal with change. I thought the study of History was to enable us not to repeat the mistakes of the past. The past can tell a lot about the future and enables us to avoid repeating past mistakes. Also, by studying the past, history helps us learn about human civilizations, and achieve development from a long-term perspective.

This book is based on 50 must-remember scenes from the history of the world. In addition, 50 Korean history stories from the same periods were selected. World history and Korean history may or may not go together, but this book will help you understand the flow of our world history and Korean history better.

There are two ways to use this book. The first way is to read world history and Korean history together. The second way is to select one world history or Korean history and read them in order. Both methods have their merits, so I encourage you to read them a few times either way.

    I hope that this book can be a guide for your historical journey.

In the Text

13th century B.C. : The Birth of Phoenician Alphabet

A.D. 80. : The Roman Empire and the Completion of The Colosseum

A.D. 1088. : The First University: University of Bologna

A.D. 1096 : Europe, and The Start of The Crusade

A.D. 1492 : The Discovery of America by Columbus

A.D. 1558 : Crowing of Elizabeth I

A.D. 1776 : American Revolutionary War and The United States Declaration

A.D. 1868 : Meiji Restoration, Japan

A.D. 1914 : The First World War

A.D. 1929 : The Great Depression and New Deal Legislation

풀과바람 09

기억해야 할 세계사 50 장면
The 50 Most Important World Histories to Remember

1판 1쇄 | 2021년 8월 30일
1판 4쇄 | 2022년 10월 20일

글 | 박영수
그림 | 잔나비(유남영)

펴낸이 | 박현진
펴낸곳 | (주)풀과바람
주소 | 경기도 파주시 회동길 329(서패동, 파주출판도시)
전화 | 031) 955-9655~6
팩스 | 031) 955-9657
출판등록 | 2000년 4월 24일 제20-328호
블로그 | blog.naver.com/grassandwind
이메일 | grassandwind@hanmail.net

편집 | 이영란
디자인 | 박기준
마케팅 | 이승민

ⓒ 글 박영수, 잔나비(유남영), 2021

이 책의 출판권은 (주)풀과바람에 있습니다.
저작권법에 의해 보호를 받는 저작물이므로 무단 전재와 복제를 금합니다.

값 13,000원
ISBN 978-89-8389-918-7 73900

※ 잘못 만들어진 책은 구입처에서 바꾸어 드립니다.

 | **제품명** 기억해야 할 세계사 50 장면 | **제조자명** (주)풀과바람 | **제조국명** 대한민국 | ⚠ **주의**
전화번호 031)955-9655~6 | **주소** 경기도 파주시 회동길 329 | 어린이가 책 모서리에
제조년월 2022년 10월 20일 | **사용 연령** 8세 이상 | 다치지 않게 주의하세요.
KC마크는 이 제품이 공통안전기준에 적합하였음을 의미합니다.

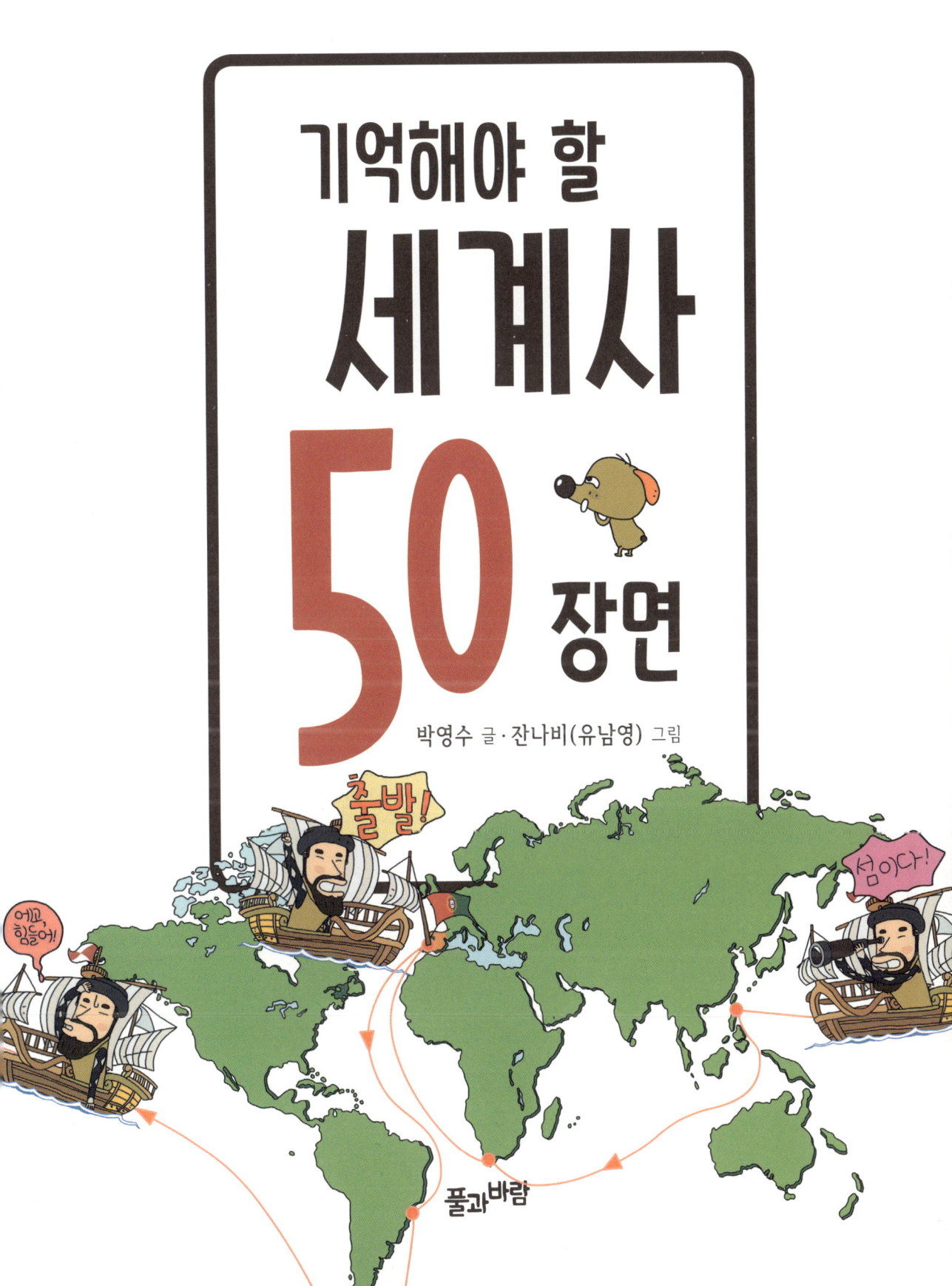

머리글

"역사는 수 세기에 걸쳐 옳고 그름의 법칙을 설파하는 외침이다."

영국 역사가 제임스 A. 프루드가 말했듯, 역사(歷史)는 과거를 살펴보면서 반성하고 올바름을 깨닫게 해 주는 기록입니다. 사람들 옷차림은 달라질지라도, 인간의 지혜나 도덕적 가치관은 변하지 않기 때문입니다.

"그래서 번영을 누렸구나!"

"그때 선택을 잘못했었네."

역사를 공부하면 변화에 대처하는 지혜를 얻을 수 있습니다. 국가적 사건이든, 개인적 일이든 세월이 지난 뒤 되돌아보면 대부분 이유와 결과를 명확히 알게 됩니다. 선택의 갈림길에서 비슷한 일을 겪은 적이 있다면 어느 한쪽을 쉽게 고르겠지만, 참조할 게 없다면 판단이 어려울 것입니다. 우리가 역사를 공부해야 하는 이유가 여기에 있습니다.

"한눈에 파악할 수 있으면 좋겠다."

이 책은 인류의 수많은 사건 중에서 꼭 기억해야 할 세계사 50 장면을 엄선하고, 아울러 비슷한 시기 우리나라가 겪은 50 장면을 함께 다뤘습니다. 서로 상관없는 경우도 있고 연관 깊은 일도 있으나, 세계사든 한국사든 일정한 흐름을 이해할 수 있게끔 구성했습니다.

초창기 사건은 대부분 일정한 지역에 한정됐기에 세계사와 한국사의 공통점이 적습니다. 그러나 점차 세력이 커지면서 전쟁이나 교류를 통해 다른 나라에 영향을 끼치는 일이 많아집니다. 또한 일찍부터 발달한 문명을 보이는 지역이 있는가 하면, 뒤늦게 빠른 발전을 보이는 나라도 있습니다. 한때는 제국을 이뤘지만 나라가 망한 뒤 소수 민족이 된 사례도 있습니다.

이 책을 활용하는 방법은 두 가지입니다. 하나는 세계사와 한국사를 함께 읽는 것이고, 다른 하나는 세계사 또는 한국사만 골라 순서대로 읽는 것입니다. 저마다 나름의 장점이 있으니, 두세 차례 읽어 보기를 권합니다.

아무쪼록 이 책이 독자 여러분의 역사 여행에 좋은 길잡이가 되기를 바랍니다.

박영수

차례

01 기원전 13세기 : 간결한 알파벳 문자 탄생 ··· 12
   한반도에 고인돌 유행

02 기원전 327년 : 알렉산드로스 대왕, 동방 원정 ··· 16
   신비한 거울, 다뉴세문경

03 기원전 221년 : 진나라 시황제, 중국을 통일 ··· 20
   고조선, 서쪽 땅을 많이 빼앗기다

04 기원전 1세기 : 로마 제국과 로마 제정 ··· 24
   신라, 고구려, 백제 건국

05 80년 : 로마, 콜로세움 완공 ··· 28
   탈해 이사금, 가야 소국 병합

06 184년 : 중국, 황건의 난 ··· 32
   고구려는 요동 전투, 신라는 소문국 정복

07 208년 : 중국, 삼국 시대 시작 ··· 36
   고구려, 동천왕 탄생 설화

08 313년 : 콘스탄티누스 대제, 그리스도교 공인 ··· 40
   고구려, 낙랑군 병합

09 375년 : 게르만족 대이동 시작 ··· 44
   고구려, 불교 공인

10 392년 : 테오도시우스 1세, 그리스도교를 국교로 삼다 ··· 48
   고구려, 광개토 대왕 즉위

11   610년 : 마호메트, 이슬람교 창시 … 52
      고구려, 수나라 대군을 두 차례 격파하다

12   618년 : 이연, 당나라 건국 … 56
      고구려, 천리장성과 연개소문 등장

13   651년 : 사산조 페르시아, 이슬람 세력에 멸망 … 60
      고구려, 백제, 신라 치열한 외교전

14   690년 : 측천무후, 최초 여황제 등극 … 64
      신라 문무왕과 신문왕, 왕권을 강화하다

15   1088년 : 세계 최초 대학, 볼로냐 대학교 창립 … 68
      고려 상감 청자 본격 등장

16   1096년 : 유럽, 십자군 원정 시작 … 72
      고려, 6촌 이내 금혼령 제정

17   1206년 : 칭기즈 칸, 몽골 통일 … 76
      최충헌, 장기 집권 초석을 다지다

18   1271년 : 쿠빌라이, 원나라 건국 … 80
      고려, 조혼 풍습 생기다

19   1337년 : 백년전쟁 시작 … 84
      고려 사회에 사경 유행

20   1392년 : 티무르, 바그다드 침공 … 88
      고려 멸망, 조선 건국

21   1405년 : 명나라, 남해 원정 단행 … 92
      조선, 천도와 이궁으로 시끌시끌

22 1453년 : 비잔틴 제국, 오스만 튀르크에게 멸망 … 96
　　조선, 계유정난 발생

23 15세기 : 르네상스 전성기 … 100
　　세종, 태평성대를 이루다

24 1492년 : 콜럼버스, 유럽인 최초로 아메리카 발견 … 104
　　금군 우림위 조직

25 1517년 : 루터의 종교 개혁과 성서 독일어 번역 … 108
　　조광조, 개혁 정치 추진

26 1519년 : 마젤란, 세계 일주에 도전 … 112
　　중종, 현량과와 기묘사화

27 1521년 : 코르테스, 아스테카 제국 정복 … 116
　　신사무옥

28 1526년 : 바부르, 인도에 무굴 제국을 세우다 … 120
　　책을 파는 책방 설치 문제 논의

29 1532년 : 피사로, 잉카 제국을 멸망시키다 … 124
　　가뭄과 청백리

30 1543년 : 코페르니쿠스, 지동설 주창 … 128
　　풍기, 최초 서원과 인삼 재배 시작

31 1558년 : 엘리자베스 1세 즉위 … 132
　　임꺽정의 난 발생

32 1590년 : 도요토미, 일본 통일 … 136
　　임진왜란 일어나다

33 1600년 : 영국, 동인도 회사 설립 ··· 140
   공명첩 발급해 군비 보충

34 1636년 : 후금에 이어 청나라 건국 ··· 144
   병자호란 발발

35 1688년 : 영국에서 명예혁명 일어나다 ··· 148
   안용복, 울릉도와 독도 수호

36 18세기 중엽 : 인클로저 운동과 산업 혁명 ··· 152
   영조, 균역법 시행

37 1776년 : 미국, 독립 전쟁과 독립 선언 ··· 156
   정조 즉위와 규장각 설치

38 1789년 : 프랑스 혁명 ··· 160
   수원 화성 축조

39 1804년 : 프랑스, 나폴레옹 황제 즉위 ··· 164
   안동 김씨 세도 정치 시작

40 1840년 : 티타임과 아편 전쟁 ··· 168
   서양 상선과 군함 출몰

41 1861년 : 미국, 남북 전쟁 ··· 172
   최제우, 동학 창시

42 1868년 : 일본, 메이지 유신 ··· 176
   통상 수교 거부 정책과 오페르트 사건

43 1869년 : 수에즈 운하와 대륙 횡단 철도 개통 ··· 180
   경복궁 중건, 당백전 발행

44 1896년 : 제국주의와 근대 올림픽 대회 ⋯ 184
　　갑오농민전쟁

45 1900년 : 의화단의 난, 러일 전쟁 ⋯ 188
　　경부선, 을사늑약

46 1914년 : 제1차 세계 대전 ⋯ 192
　　독립운동 단체 결성

47 1917년 : 러시아 혁명 ⋯ 196
　　한강 인도교 완공

48 1919년 : 베르사유 조약, 국제 연맹 창설 ⋯ 200
　　삼일 운동

49 1929년 : 대공황, 뉴딜 정책 … 204
    광주 학생 항일 운동

50 1939년 : 제2차 세계 대전 … 208
    국민 징용령으로 강제 연행

기원전 13세기
간결한 알파벳 문자 탄생

"빨리 좀 적으세요."

"아이고, 저도 그러고 싶어요."

3000년 전 지중해 연안에서 무역을 독점한 페니키아 상인들은 거래 물품을 확인하고 문서에 적을 때 불편함을 크게 느꼈습니다. 당시에 메소포타미아의 쐐기 문자와 이집트 상형 문자를 함께 사용했는데, 그 수가 무척 많고 획이 복잡했기 때문입니다.

'사람의 말소리를 기호로 나타내면 어떨까?'

기원전 1200년쯤 페니키아인은 좀 더 단순해진 셈족의 북셈 문자에서 단서를 얻어, 알파벳 22개로 구성된 페니키아 문자 체계를 만들어 냈습니다. 페니키아 문자의 첫 문자 알레프(aleph)가 소를 나타내는 상형 문자와 비슷했지만, 대부분 말소리를 문자로 표기했다는 점에서 대단히 혁명적인 일이었습니다.

"우와, 간결해서 좋다!"

페니키아 알파벳은 배우고 익혀야 할 문자의 수가 적었고, 그 모양도 단순해서 글로 적을 때 속도를 낼 수 있었습니다.

 이전에는 문자를 익히려면 많은 시간을 들여서 공부해야 했지만, 이제는 누구나 조금만 시간을 투자하면 문자를 깨칠 수 있게 됐습니다. 복잡한 글자로 썼을 때 종종 일어났던 문서 기록 내용에 대한 혼란도 많이 줄어들었습니다.

"정말, 실용적인 문자로다!"

이런 장점 덕분에 페니키아 알파벳은 지중해 주변 여러 나라에 금방 퍼졌습니다. 그리스인들은 페니키아 문자를 개량해서 그리스 문자를 만들어 썼습니다. 그리스 문자가 이탈리아 지방에 전해진 뒤 로마인들이 그것을 약간 수정해서 로마자를 만들었습니다. 로마자는 강대한 로마 제국을 통해 서유럽으로 퍼져 나갔습니다.

한편 '알파벳(alphabet)'은 로마자(라틴 문자)만을 가리키는 게 아닙니다. 알파벳은 하나의 글자가 하나의 자음 또는 모음을 나타내는 문자 체계이며, 자음이든 모음이든 특정 부호를 조합해 모든 말을 소리 나는 대로 적을 수 있는 문자를 뜻합니다.

알파벳이라는 이름은 그리스 문자 첫 번째 글자 알파(A)와 두 번째 글자 베타(B)를 이은 단어에서 유래됐습니다.

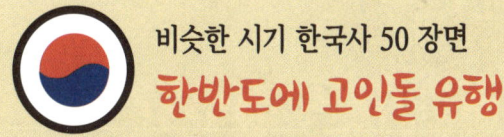

비슷한 시기 한국사 50 장면
한반도에 고인돌 유행

'저승에서는 평화롭게 살기를!'

청동기 시대 사람들은 같이 지내다가 죽은 사람의 시신이 동물들에 훼손되는 것을 원치 않았기에 땅을 파고 흙을 덮어 보존했습니다. 그런데 흙으로 만든 무덤이 짐승들에 의해 쉽게 파헤쳐지자, 무덤의 흙을 더 높이 쌓거나 무거운 돌을 얹는 방법이 등장했습니다.

굄돌이 있는 무덤을 이르는 '고인돌'은 청동기 시대에 널리 행해진 매장 문화였습니다. 특이하게도 한반도에서 고인돌 문화가 성행했습니다. 오늘날 세계에 남아 있는 고인돌 5만여 기 중 무려 4만 기가 한반도에 있을 정도입니다.

"산이 많으니 큰 바위도 많군."

무덤 위에 큰 바위를 올려놓으려면 많은 노동력이 필요하므로, 일부 사람에게만 그렇게 했습니다. 그 특혜를 누린 대상은 지배층이었습니다. 부족장은 권력을 과시하고자 고인돌을 만들었으니, 이를 통해 청동기 때 한반도 곳곳에 사회 계급 체계가 확고해졌음을 알 수 있습니다.

기원전 327년
알렉산드로스 대왕, 동방 원정

"나는 신(神)이다!"

발칸반도에 근거를 둔 마케도니아 군주 알렉산드로스는 기원전 335년 그리스를 침공하고, 기원전 332년 이집트를 점령한 뒤 파라오 권좌에 앉아 위와 같이 선언했습니다.

알렉산드로스는 기원전 330년 페르시아를 멸망시키는 등 거침없는 기세로 주변을 정복했으며 여기에 만족하지 않고 기원전 327년 인도 원정에도 나섰습니다.

"이제는 동방이다!"

알렉산드로스는 관용과 파괴라는 두 가지 전략을 통해 계속 동쪽으로 진군했습니다. 항복한 곳에는 자비를 베풀고, 저항하는 곳은 철저

히 약탈하고 파괴하면서 전진했습니다. 그리하여 기원전 326년 인더스 강 유역까지 장악했습니다.

"멈춰야 합니다. 더는 무리입니다!"

장마와 전염병 탓에 병사들 불만이 쌓이고, 측근 장군들이 만류하자, 알렉산드로스는 진격을 멈추고 발길을 돌렸습니다.

알렉산드로스는 제국의 수도로 정한 바빌론에서 다시 원정을 준비하던 중 기원전 323년 열병에 걸려 갑작스레 세상을 떠났습니다.

"누구든 빈손으로 가노라."

알렉산드로스는 단순히 영토만 넓힌 게 아니라 동경하던 그리스 문화를 가는 곳마다 퍼뜨린 정복자였습니다. 또한 현지 풍습을 존중해 주면서 동방의 문화도 받아들였습니다. 알렉산드로스의 인도 원정은 동서양 문명이 직접 교류하는 계기가 됐습니다. 그리스 문명, 페르시아 문명, 인도 문명이 섞이면서 '동서 문화가 융합된 새로운 문명'인 '헬레니즘'이 탄생했습니다.

"그리스 조각상을 참조하여 불상을 만들어 봅시다."

그 대표적 사례가 간다라 미술입니다. 원래 불교에서는 부처를 형상화하지 않았지만, 인도 북서부의 간다라에서는 그리스 조각상을 참조하여 불상을 처음으로 만들었습니다. 물결 모양 머리카락, 오뚝한 콧대, 입체적인 옷 주름이 특징입니다.

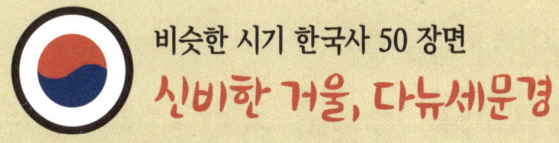

비슷한 시기 한국사 50 장면
신비한 거울, 다뉴세문경

"저곳을 점령하라!"

기원전 4세기에서 3세기 사이 한반도는 청동기에서 철기로 넘어가는 시기였습니다. 곳곳마다 일정한 무리를 이루고 살던 중 욕심 많은 지배자가 땅을 넓히기 위해 이웃 마을을 쳐들어갔습니다. 이때 강력한 철제 무기를 지닌 세력이 이겼습니다.

"특별한 거울을 만들어라!"

정복자들은 권력과 앞선 기술을 과시하고자 대장장이에게 거울 제작을 지시했습니다. 지금의 충청남도 논산 부근에 살던 대장장이는 대단히 섬세한 무늬가 새겨진 청동 거울을 만들어 바쳤습니다.

"이 작은 크기에 수없이 많은 무늬가 들어 있다니!"

1960년 논산 육군 훈련소 인근 참호를 파던 중 그 청동 거울이 발견됐습니다. 지름 21.2센티미터 크기 안에 머리카락보다 얇은 0.02밀리미터 간격으로, 정교한 선 1만 3천 개를 새겨넣은 다뉴세문경(손잡이 달린 잔무늬 거울)이 그것입니다.

국보 제141호로 지정된 다뉴세문경은 현대 과학으로도 재현하기 힘든 놀라운 세공 기술을 보여 주고 있습니다.

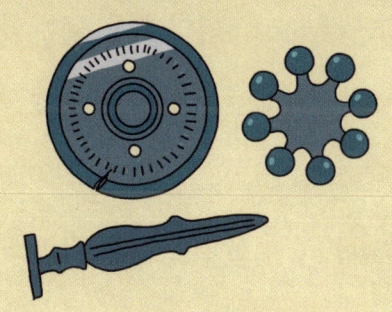

03 기원전 221년
진나라 시황제, 중국을 통일

기원전 3세기 중엽 중국은 여러 번국(藩國)으로 이루어진 봉건제 국가였습니다. '번국'은 제후가 다스리는 나라를 말하며, '봉건제'는 임금이 신하에게 땅을 나눠 주고 그 지역을 통치하게 만드는 방식을 말합니다.

"우리 집에는 식객이 3천 명이라오."

당시 각각의 나라에는 많은 수의 식객(食客)을 거느린 세력가들이 여럿 있었습니다. '식객'은 권세 있는 집에 얹혀서 얻어먹고 지내는 사람을 이르는 말입니다. 요컨대 몇몇이 권력을 나눠 가지며 저마다 힘을 과시하던 시절이었지요.

"나라를 군과 현으로 나누고, 관리를 보내 다스리게 하라."

이러한 때 진(秦)나라 영정(嬴政)은 군현제를 실시하여 왕권을 강화하면서 새로운 문물과 제도로 나라의 힘을 점차 키웠습니다. 그러고는 다른 여섯 나라를 차례로 무너뜨리고 기원전 221년 중국 역사상 처음으로 대륙을 통일했습니다.

"이제부터 나를 황제라고 부르도록 하라!"

진시황제는 '진나라에서 시작된 황제'라는 뜻이고, 황제는 오직 하나뿐인 절대적 통치자임을 나타내는 호칭입니다. 이로써 봉건제가 사라지고, 군주가 모든 권력을 차지한 전제 군주제가 시작됐습니다.

"물건 크기를 재는 단위와 거래용 화폐를 통일하라!"

진시황제는 통일한 전국에 군현제를 적용해 황제가 모든 곳을 다스릴 수 있도록 조치했고, 진나라 문자만 쓰도록 했습니다. 또한 외적의 침입을 막고자 국경에 만리장성을 쌓게 했습니다.

"학자들의 책을 모두 없애라!"

하지만 진시황제는 사상과 비판을 통제하고자 서적을 불태우고 학자들을 구덩이에 묻는 분서갱유(焚書坑儒)를 일으켰습니다. 그뿐만 아니라 호화로운 아방궁을 만들고 아름다운 후궁들을 많이 두었습니다. 하여 국가적 업적은 뛰어나지만, 진시황제는 폭군으로 역사에 기록됐습니다.

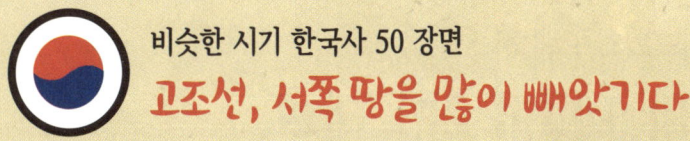

비슷한 시기 한국사 50 장면
고조선, 서쪽 땅을 많이 빼앗기다

진나라가 중국을 통일해 나가던 시절, 대륙 동쪽에는 조선(朝鮮)이 자리 잡고 있었습니다. 기원전 3세기 초 베이징을 수도로 삼은 연(燕)나라는 진나라와 대립한 와중에 동쪽 조선을 침공해서 많은 땅을 빼앗았습니다. 조선으로서는 서쪽 땅을 뺏긴 것이었지요.

"내가 왕이니 찾아와 인사하라!"

연나라 왕이 조선에 이렇게 통보하자, 조선 군주도 '자신 역시 왕'이라며 맞받아쳤습니다. 그때까지 조선 군주의 명칭은 전하지 않았는데, 이때 '조선 왕(朝鮮 王)'이라는 호칭이 처음 기록됐습니다. 조선 왕은 연나라를 공격하려다가 신하의 만류로 그만두었습니다.

"긴 성벽을 쌓고 있다고?"

기원전 221년 진나라는 대륙을 정복한 뒤 조선과의 사이에 이중으로 방어 시설을 두고 일정한 경계를 두었습니다. 또한 만리장성을 쌓아 조선 기마 부대의 월경을 차단했습니다. 이로써 진나라와 조선은 팽팽한 긴장 상태에 접어들었습니다.

단군이 세운 조선(朝鮮)은 뒷날 이성계가 조선을 건국한 뒤 '고조선(古朝鮮)'으로 구분됐습니다.

기원전 1세기
04 로마 제국과 로마 제정

"내전이 끝나고 질서가 회복됐으니 모든 권한을 원로원과 로마 시민에게 돌려드리겠습니다."

기원전 27년 로마 집정관 옥타비아누스는 위와 같이 겸손하게 말했습니다. 이로써 로마는 이전의 공화정 체제로 돌아가는 듯 보였지만 그게 아니었습니다. 옥타비아누스는 정적들을 모두 제거하고, 원로원 의원직을 마음대로 임명할 힘을 갖고 있었으니까요.

"그대에게 아우구스투스(존엄한 자)라는 칭호를 바칩니다."

로마 원로원은 옥타비아누스에게 신(神)에 필적할 만한 상징적 호칭을 수여하며 충성을 다짐했습니다. 이미 '프린켑스(로마의 제1시민)'가 되어 공화정 권력을 손에 쥐고 있던 옥타비아누스는 이때부터 사실상의 황제가 되어 로마를 본격적으로 다스렸습니다.

"로마의 번영을 위해 노력하리라!"

로마 제국의 문을 활짝 연 옥타비아누스는 학술과 문예를 장려하여 로마 문화의 황금시대를 이룩했습니다. 누구나 포도주를 마실 수 있었고, 전쟁에 대한 두려움 없이 지냈습니다.

이렇듯 그가 제국의 기반을 잘 닦은 덕분에, 오현제(五賢帝) 때 로마 제국은 '팍스 로마나(로마의 평화)'를 누렸습니다. '오현제'는 96~180년 사이에 로마 제국을 통치한 지혜로운 다섯 황제 네르바, 트라야누스, 하드리아누스, 안토니누스 피우스, 마르쿠스 아우렐리우스를 이르는 말입니다.

"옥타비아누스가 대단한 인물이었군."

역사 용어에서 '로마 제정'은 옥타비아누스가 집권한 기원전 27년부터 서로마 제국이 멸망한 476년까지 지중해를 중심으로 유럽, 아시아, 아프리카에 걸쳐 로마 황제가 통치하던 체제를 말합니다.

"겉으로는 공화정이지만 실제는 독재 정치지."

사실 옥타비아누스는 호칭만 황제가 아니었을 뿐, 임페라토르(최고 사령관)로서 군대를 장악한 채 교묘하게 일인 독재의 사례를 만들었습니다. 원로원의 공화정은 옥타비아누스의 정책을 무조건 인정해 주는 껍데기에 지나지 않았고요. 뒷날 여러 독재자가 모방한 것은 그 부작용입니다.

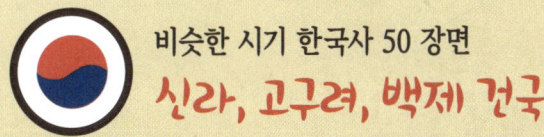

비슷한 시기 한국사 50 장면
신라, 고구려, 백제 건국

로마가 공화정에서 제국으로 전환되던 기원전 1세기 한반도와 만주에서는 중앙 권력이 강화된 여러 국가가 등장하기 시작했습니다.

"한나라의 조선 침략 이전에 고구려가 존재했다."

단재 신채호는 1931년 《조선상고사》를 통해 위와 같이 말하면서 고구려 역사가 백 수십 년 삭제됐다고 주장했습니다. 오늘날 출토된 유물을 근거로 판단하면 고구려 – 백제 – 신라의 순서로 건국됐다고 보는 역사학자도 많습니다.

"한반도에서 혁거세가 가장 먼저 나라를 세움."

하지만 문헌 기록상으로는 신라 – 고구려 – 백제의 순서로 건국됐습니다. 고려 인종 23년(1145년)에 김부식이 펴낸 역사책 《삼국사기》에 따르면, 기원전 57년 6개 부족의 연맹체인 신라가 건국되고, 박혁거세가 지도자로 추대됐습니다. 이어 기원전 37년 주몽이 고구려를 세웠고, 뒤를 이어 기원전 18년에 주몽의 아들 온조가 한강 지역에 백제를 건국했습니다.

05 80년
로마, 콜로세움 완공

서기 80년 로마에서 콜로세움 건축을 기념하는 개막 행사가 열렸습니다. 그중 숲과 언덕을 꾸며 연출한 맹수 사냥 시합은 시민들의 엄청난 인기에 힘입어 100일 동안 치러졌습니다. 여러 사람이 나서서 누가 더 빨리 맹수를 죽이는지 겨뤘고, 5천 마리에 이르는 맹수들이 죽었습니다.

"세상에는 별의별 동물이 다 있군."

온갖 화제를 낳은 원형 경기장의 정식 명칭은 '플라비우스 원형 경

기장'이지만, 사람들은 '거대하다'라는 뜻을 가진 콜로사레(Colossale)에 어원을 둔 '콜로세움(Colosseum)'이라고 불렀습니다. 그런데 로마 황제는 왜 거대한 원형 경기장을 만들었을까요?

68년 네로 황제가 죽은 뒤 로마에서 여러 황제가 짧은 시간에 피살되는 등 권력 다툼이 치열하게 벌어졌습니다. 내전 상태의 로마를 평정한 베스파시아누스 황제는 72년 로마 시민들의 관심을 다른 데로 돌리고자 대규모 원형 경기장 건축을 지시했습니다.

"기발한 행사를 날마다 열도록 하라!"

그의 아들 티투스 황제는 80년에 콜로세움이 완공되자 79년 화산 폭발과 폼페이 멸망으로 흉흉해진 사람들의 마음을 달래 주고자 '맹수 사냥'을 앉아서 관람하도록 했습니다. 그의 예상은 적중해 로마 시민들은 정치에 관심을 끊고 오직 콜로세움에서 벌어지는 일만 생각했습니다.

이후 전차 경주, 맹수끼리의 사투, 검투사와 맹수의 싸움, 검투사들끼리의 대결이 펼쳐지면서 콜로세움은 계속 화제의 중심이 됐습니다.

콜로세움에서 사형수를 공개 처형하거나 기독교인을 처형하면서 뒷날 부정적인 인상을 주었지만, 당대 로마인은 콜로세움을 자랑스럽게 여겼습니다. 로마의 뛰어난 건축 기술을 보여 주는 건물인 데다 많은 사람에게 볼거리와 음식을 제공해 주는 복합 스포츠 유흥 시설이었기 때문입니다.

이로 인해 '빵과 서커스'라는 말이 나왔습니다. 권력자가 음식과 오락으로 시민의 관심을 돌리는 포퓰리즘(인기 영합적 대중주의)을 뜻하는 말입니다.

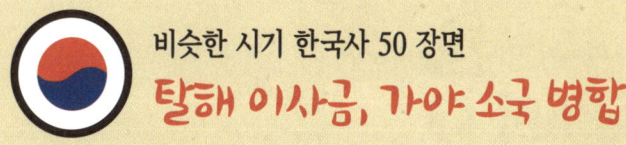

비슷한 시기 한국사 50 장면
탈해 이사금, 가야 소국 병합

"기병들은 저곳을 공격하라!"

서기 80년 봄, 탈해 이사금은 거칠산국과 우시산국을 공략해서 신라에 병합했습니다. 이로써 신라는 지금의 부산시 동래와 울산까지 영역을 넓혔습니다. 당시 한반도 동남쪽에서 가야 소국들과 힘을 겨루던 신라가 서라벌(지금의 경주)을 넘어서서 부산까지 지배권을 확장한 것입니다.

"말을 참 잘 다루는군."

기병 공격에 능했던 탈해 이사금은 외부 세력으로는 처음 신라 4대 군주가 된 인물입니다. 북방 기마 민족의 후예로 여겨집니다. 신라에서는 3대까지 박(朴)씨가 왕권을 가졌지만, 성이 석(昔)씨인 탈해는 2대 군주 남해 차차웅의 사위가 된 뒤 3대 유리 이사금의 뒤를 이어 신라의 통치자가 됐습니다.

탈해 이사금은 두 가야 소국을 차지한 뒤 그해 8월 세상을 떠났습니다.

한편 신라 초기, 왕의 칭호인 '이사금'은 뒷날 '임금'이란 호칭의 어원이 됐습니다.

184년
중국, 황건의 난

"아픈 자여, 내게로 오라. 고쳐 줄 테니."

서기 2세기 후반 중국은 혼란스러웠습니다. 관리들의 부패가 극심한 데다 전염병이 돌져서 백성들이 고통을 겪었습니다. 이때 허베이 지역에서 약초를 캐며 도교를 공부하던 장각(張角)은 위와 같은 말로 사람들을 끌어들였습니다.

"부적을 태운 이 물을 마셔 보시오."

장각은 병든 사람이 찾아오면 특별한 물을 마시게 한 뒤 반성의 말과 함께 절을 하라고 처방했습니다. 부적 태운 물이라고 말했지만, 약초 우린 물이었기에 병이 낫는 경우가 있었습니다. 질병의 고통에서 벗어난 사람들이 떠벌리고 다니자, 장각에게 사람들이 몰려들었습니다.

"말씀을 들으니 마음이 후련하네."

장각은 뛰어난 말솜씨로 사람들의 답답함을 풀어 주었습니다.

추종자가 갈수록 늘어났고 장각이 내세운 태평도(太平道)를 종교로 믿는 사람들이 10여 년 만에 수십만 명이나 됐습니다.

그러자 장각은 야심을 품었고, 반란을 일으켜 황제가 되고자 했습니다.

"황제를 조종하는 환관들을 처단하라!"

184년 장각이 이끄는 무리는 후한(後漢) 왕조를 향해 나라를 망하게 만들어가는 관리들을 쫓아내라고 요구했습니다. 이들은 '오행'의 '흙'을 이르는 노란 두건을 두르고 '푸른 하늘이 죽고, 누런 하늘이 일어서리라.'라는 노래를 퍼뜨렸습니다.

"푸른색은 정부, 노란색은 농민을 상징한다오."

이들은 새 세상을 상징하는 황색 두건을 머리에 둘러 '황건적(黃巾賊)'이라고 불렸습니다. 황건적이 쳐들어오자, 깜짝 놀란 후한 정부는 긴급히 큰돈을 들여 군사를 모았지만, 효과를 보지 못했습니다.

그해 가을 장각이 병으로 갑자기 죽었음에도 황건적은 그 뒤 20년 동안 나라를 어지럽혔습니다. 중국 후한 말기, 가난에 지친 농민들이 미신 같은 신흥 종교 태평도에 현혹되어 일으킨 난리는 이렇듯 천천히 끝났습니다.

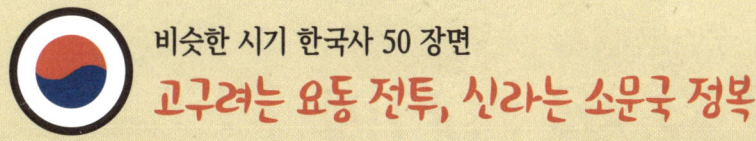

비슷한 시기 한국사 50 장면
고구려는 요동 전투, 신라는 소문국 정복

"지금이 기회로다!"

황건적이 중국을 휩쓸고 다닐 때, 고구려는 서쪽으로 세력을 넓히려 했습니다. 서기 184년 고국천왕은 요동으로의 진출을 계획했고, 이를 눈치챈 요동 태수는 먼저 고구려를 공격했습니다.

1차 전투에서는 고구려가 패했지만, 고국천왕이 직접 출전한 2차 전투에서는 고구려 군대가 한나라 군대를 몰살하며 크게 이겼습니다.

"우리도 땅을 넓혀야지."

그 무렵 신라를 다스린 군주는 벌휴 이사금이었습니다. 184년 제9대 신라 왕으로 즉위한 벌휴 이사금은 주변 정복에 나섰습니다. 185년 군정(軍政)을 담당하는 군주(君主) 직위를 만들어 두 명을 좌우 군주로 삼았으며, 이들에게 전권을 주어 작은 나라를 복속시키고 서쪽 백제의 침략에 대응하게 했습니다. 지금의 경상북도 의성에 있는 소문국(召文國)이 이때 신라에 합병됐습니다.

208년
중국, 삼국 시대 시작

"황제를 구하는 것보다 내 힘을 키우는 게 좋지."

2세기 말엽 일어난 황건의 난은 광무제가 세운 후한을 급격히 기울게 했습니다. 지방 호족들은 혼란을 이용해 도적을 토벌한다는 구실로 각자의 세력을 키웠습니다. 이에 따라 중국은 여러 영웅이 각 지역을 차지하고 서로 세력을 다투는 군웅할거 시대가 됐습니다.

"남쪽 땅도 접수하리라!"

황건적을 제압하며 중국 북부 지역을 장악한 조조(曹操)는 208년 11월 적벽전(赤壁戰)을 통해 강남(江南)도 차지하려 했습니다. 이때 '강남'은 중국 양쯔강의 남쪽 지역을 이르는 말입니다. 하지만 일은 조조의 뜻대로 진행되지 않았습니다.

"화공(火攻) 작전을 쓰면 물싸움에 약한 조조 군대를 물리칠 수 있습니다."

이때 유비의 참모 제갈량이 큰 공을 세우며, 조조를 좌절시켰습니다. 유비와 손권이 이끄는 연합군은 군사력에서 조조 대군에 밀렸지만, 뛰어난 전술로 승리를 거뒀습니다. 이로써 중국은 사실상 삼국 시대에 접어들었습니다. 그래도 조조의 군대가 가장 강했습니다.

"이제 내가 진정한 황제로다!"

220년 조조가 죽자, 아들 조비(曹丕)는 후한을 멸망시키고 위(魏)나라를 세웠습니다. 이듬해 유비(劉備)는 자신이 한나라 황실의 후손임을 내세워 촉한(蜀漢)을 세웠습니다. 그러자 222년 손권도 독자적인 연호를 사용하는 오(吳)나라를 세웠습니다.

"위(魏), 촉(蜀), 오(吳)가 맞서는 형국이군."

위나라의 조비, 촉나라의 유비, 오나라의 손권은 대륙을 셋으로 나눠 차지한 채 천하를 통일하고자 치열하게 싸웠습니다. 역사 용어로서 중국의 '삼국 시대'는 위, 촉, 오가 맞서던 시대를 뜻합니다. 184년 황건의 난이 도화선이었고, 208년 적벽전이 결정적인 고비였으며, 220년부터 경쟁적인 황제 즉위는 형식적인 삼국의 탄생이었습니다.

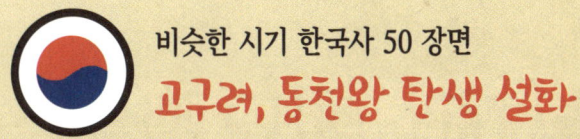

비슷한 시기 한국사 50 장면
고구려, 동천왕 탄생 설화

"뭐라? 돼지가 달아났다고? 당장 잡아 와라!"

208년 11월 고구려에서 신성한 제사에 쓸 돼지가 도망치는 사건이 일어났습니다. 당시 돼지는 신성한 동물이었고, 제사용으로 선정된 돼지는 더욱 귀하게 여겨졌습니다. 이런 돼지가 달아난 일은 불길한 징조였기에 여러 관리가 급히 돼지를 찾아 나섰습니다.

"꿀꿀꿀!"

관리들은 주통촌(酒桶村, 술 빚는 마을)에서 돼지를 발견했지만, 달아나는 돼지를 쉽게 잡지 못했습니다. 그때 후녀(后女)라는 이름의 처녀가 머리를 써서 돼지를 붙잡아줬습니다. 관리들은 궁궐로 돌아와 이 일을 사실대로 보고했습니다.

산상왕은 신기하게 여겨 밤에 몰래 후녀의 집을 찾아갔다가 후녀의 아름다움에 반했습니다. 이후 산상왕은 자신의 아이를 밴 후녀를 후궁으로 들였습니다. 그때까지 산상왕에게 아들이 없었기에, 이듬해 태어나 '교체(郊彘, 성 밖 돼지)'로 불린 아들은 227년 고구려 제11대 동천왕이 됐습니다.

동천왕이 나라를 다스리던 시기에 중국에서 위, 촉, 오의 삼국이 서로 경쟁하고 있었습니다. 고구려는 그중 가장 강한 위나라와 서로 사신을 보내며 친하게 지냈으나, 위나라가 약속을 깨고 고구려를 공격했습니다.

위나라와의 싸움에서 거듭 승리하자 동천왕은 위나라를 얕보다가 수도 환도성을 빼앗기고 도망치는 신세가 되지만, 충성스러운 신하들 덕분에 결국 전쟁에서 승리했습니다.

313년
콘스탄티누스 대제, 그리스도교 공인

"신이시여, 제 말을 들어주소서."

로마인은 샘물이 솟아나는 바위굴에서 미트라에게 소원을 빌곤 했습니다. '미트라'는 페르시아 신화에 나오는 빛의 신인데, 로마인은 미트라를 태양신으로 여기며 왕들의 신으로 모셨습니다.

"십자가를 깃발에 걸고 싸우면 승리하리라!"

312년 통치권을 두고 콘스탄티누스 1세와 막센티우스가 로마의 밀비아 다리에서 대결할 때 일입니다. 어느 날 밤 콘스탄티누스의 꿈에 그리스도가 나타나서 위와 같이 말했습니다. 콘스탄티누스는 미심쩍었지만 전투가 힘겨웠던지라 군기에 십자가를 걸고 싸웠으며 그 결과 이겼습니다.

"나는 그리스도가 지켜 주는 황제로서 그리스도교를 공인하노라!"

밀비아 다리 전투에서 극적인 승리를 거둔 콘스탄티누스는 313년 공동 황제 리키니우스와 밀라노에서 대화한 뒤 '밀라노 칙령'을 통해 그리스도교를 공개적으로 인정했습니다. 로마 제국의 종교가 확 바뀌는 대전환이 일어난 것입니다.

"태양신만 진정한 신이니 그리스도교를 믿지 말라!"

동쪽 지역을 다스리던 리키니우스가 약속을 깨고 그리스도교를 탄압하자, 서쪽을 통치하던 콘스탄티누스는 십자가 깃발을 내세우고 출정하여 전투에서 승리해 로마 제국을 통일하고 유일한 황제가 됐습니다.

"제국의 수도를 바꾸어야겠노라!"

콘스탄티누스는 330년에 비잔티움으로 도읍지를 옮겼으며 '콘스탄티누스의 도시'라는 뜻으로 '콘스탄티노플'이라고 불렀습니다. 표면상으로는 군사 요충지와 교통 중심지를 강조했지만, 사실은 그리스도교 전파를 추진하기 위한 결단이었습니다.

미트라교를 비롯해 다양한 종교 신전이 있고, 군인과 백성 다수가 여전히 이교도 신자인 로마에서는 도저히 그리스도교를 강화할 수 없었기 때문입니다.

어쨌든 '새로운 로마'이자 '세계 최초 그리스도교 도시'를 건설한 콘스탄티누스 대제로 인해 이때부터 땅 위에 교회를 지을 수 있는 세상이 됐습니다.

비슷한 시기 한국사 50 장면
고구려, 낙랑군 병합

"눈엣가시 낙랑군을 쫓아내자!"

313년 고구려는 낙랑군(樂浪郡)을 공격하여 점령했습니다. '낙랑군'은 고조선이 멸망한 뒤 한(漢)나라가 고조선의 옛 땅에 설치한 네 군데 군사 조직 중 하나입니다. 한반도 중북부에 있었던 낙랑군은 신흥 국가 고구려와 수시로 충돌하며 마찰을 일으켰고, 고구려는 세력을 키운 뒤 마침내 낙랑군을 몰아냈습니다. 이로써 한반도 북부는 고구려의 차지가 됐습니다.

한편 '낙랑 공주와 호동 왕자'에 등장하는 '낙랑'은 낙랑군이 아니라 낙랑국(樂浪國)입니다.

낙랑국은 1세기 중엽 한반도 북서쪽에 위치했던 작은 나라였으며, 32년 고구려 대무신왕 때 호동 왕자가 이끄는 고구려 군대의 공격을 받고 항복했습니다. 이때 낙랑 공주는 분노한 아버지에게 죽임을 당했고, 호동 왕자는 이후 괴로워하다가 스스로 목숨을 끊었습니다.

정리하자면, 낙랑군은 313년에 사라졌고 낙랑국은 그 이전인 32년에 멸망했습니다.

375년
게르만족 대이동 시작

"누구든 죽여라!"

374년 중앙아시아 기마 유목 민족 훈족(Hun族)이 볼가강과 돈강 사이 평원 지대로 쳐들어갔습니다. 그곳에 살던 게르만계 부족인 고트족은 느닷없이 나타난 훈족의 잔혹한 공격에서 벗어나고자 긴급히 서남쪽으로 이동했습니다.

"게르만인이 몰려옵니다!"

375년 게르만 여러 부족이 로마 제국 영토 안으로 이주하면서 이른바 '게르만족 대이동'이 본격화됐습니다. 대응책을 고심하던 로마는 로마법을 따르는 조건으로 일단 게르만인의 접경 지역 거주를 인정해 주었습니다. 이전에 우직하고 용감한 게르만 전사들이 로마 군대에 용병으로 참가해 제국 영토 확장에 크게 이바지했음을 알고 있었기 때문입니다.

"차라리 우리의 나라를 세우자!"

하지만 게르만인은 로마 제국의 세금이 너무 많을 뿐만 아니라 자신들을 차별한다며 반발했습니다. 게르만 여러 부족은 로마 제국이 쇠

약해져감을 알아채고 각지에 부족 왕국을 세웠습니다.

　서고드족은 남시 갈리아에, 부르군트족은 '남동 갈리이에 각각 왕국을 건설했고, 서고트족 왕은 410년 로마시를 점령한 뒤 곧바로 에스파냐를 차지했습니다. 반달족은 아프리카로 가서 이집트에 왕국을 세웠습니다.

"누구도 게르만족을 당할 수 없다!"

이러한 민족 이동 와중에 서로마 제국은 476년 게르만족 출신의 용병 대장 오도아케르에게 멸망했습니다. 481년 프랑크족의 클로비스는 프랑크 왕국을 세우고 왕이 됐습니다. 이제 바야흐로 유럽은 게르만족이 지배하는 시대를 맞이했습니다.

역사 용어에서 '게르만족 대이동'은 4세기 말엽부터 6세기 말까지 일어난 유럽 민족 대규모 이동을 뜻합니다.

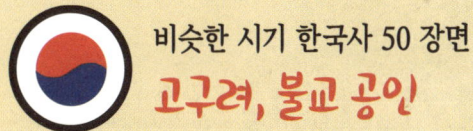

비슷한 시기 한국사 50 장면
고구려, 불교 공인

"왕이 돌아가셨다!"

371년 고구려 고국원왕은 백제와의 평양성 전투에서 적군으로부터 날아온 화살에 맞아 죽었습니다. 이에 따라 그의 아들 소수림왕이 제17대 고구려 왕이 됐습니다. 위기 상황에서 즉위한 소수림왕은 나라를 안정시킬 방안을 연구했습니다.

"누구든 깨달음을 얻어 부처가 되면 세상의 고통에서 벗어날 수 있습니다."

372년 중국에서 불상과 불경을 가지고 온 승려 순도(順道)는 소수림왕에게 위와 같이 말했습니다. 소수림왕은 마음을 의지할 수 있는 신앙의 장점을 이해하고 불교를 받아들였습니다.

고구려에서 불교가 국가적인 종교로 인정되면서 불안해하던 사람들이 마음의 안정을 찾았습니다. 소수림왕은 초문사(肖門寺)와 이불란사(伊弗蘭寺)를 창건하며 불교를 널리 알렸습니다.

또한 소수림왕은 372년 귀족 자제들을 위한 국립 교육 기관인 태학(太學)을 설립하고, 373년 처음으로 율령(형률과 법령)을 반포해 국가 체제를 정비했습니다.

10 392년
테오도시우스 1세, 그리스도교를 국교로 삼다

"성부, 성자, 성령의 삼위일체를 믿는 사람들만 가톨릭 그리스도교인으로 인정하노라."

동로마와 서로마 모두를 통치한 마지막 황제, 테오도시우스 1세는 교리가 다른 그리스도교 신앙을 하나로 통일하기 위해 고심하다가 380년 위와 같은 칙령을 발표했습니다. '가톨릭'이라는 호칭이 이때 처음 문서에 등장했지만, 황제는 신앙을 강요하지 않았습니다.

"뭐라? 수비대장이 죽었다고?"

390년 테살로니키 주민들이 반란을 일으켜 총독을 살해하는 사건이 일어났습니다. 격분한 테오도시우스 1세는 긴급히 군대를 보내며 그곳 주민들을 모두 죽이라는 보복 명령을 내렸습니다. 대략 7000여 명이 학살당했습니다.

"황제의 교회 출입을 금지합니다."

밀라노 주교 암브로시우스는 황

제에게 편지를 보내 잘못된 행동을 나무라면서 공식적인 참회를 요구했습니다. 테오도시우스 1세는 개의치 않고 지내다가 부활절에 교회로 갔습니다.

암브로시우스는 교회 문을 닫고 황제를 막았습니다. 발길을 돌린 테오도시우스 1세는 성탄절에 다시 교회를 찾아갔지만, 이번에도 암브로시우스는 황제를 막으며 학살에 대한 사죄를 요구했습니다.

"제가 잘못했습니다. 용서해 주십시오."

결국 황제는 무릎을 꿇고 참회했습니다. 암브로시우스는 그제야 교회 출입을 허락했습니다. 이 일은 교회의 권위가 황제의 권위보다 더 높아졌음을 보여 주는 사건으로 역사에 기록됐습니다. 그리고 이날 이후 테오도시우스 1세가 종교를 대하는 태도가 확 달라졌습니다.

"그리스도교를 국가 종교로 삼노라!"

테오도시우스 1세는 392년 그리스도교를 로마 제국 국교로 정하면서 모든 형태의 이교 숭배를 불법으로 규정했습니다. 이와 함께 오랫동안 행해져 온 올림픽도 이교도 행사라는 이유로 중지했습니다. 이로써 유럽에서 중세(中世)가 시작됐고, 그리스도교 여부를 가린 뒤 이교도를 처벌하는 이른바 '종교 재판'도 시작됐습니다.

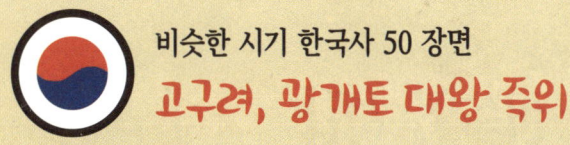

비슷한 시기 한국사 50 장면
고구려, 광개토 대왕 즉위

'18세에 등극하여, 연호를 영락(永樂)이라 하였다.'

광개토 대왕릉비에 기록된 내용대로, 391년 고구려에서 광개토 대왕이 제19대 군주가 됐습니다. 광개토 대왕은 두뇌가 뛰어나고 몸집이 큰 인물이었습니다.

광개토 대왕은 즉위하자마자 귀족들의 개인 병력을 없애고 군대를 통일하며 정복 전쟁을 준비했습니다.

"할아버지의 원수부터 갚겠노라!"

광개토 대왕은 친히 4만 병력을 거느리고 출병해서 관미성을 함락시키는 등 백제 10성을 빼앗았습니다. 이로써 백제군의 화살에 맞아 죽은 고국원왕의 원한을 확실히 풀었습니다.

"여기서 멈출 수 없다!"

이후에도 광개토 대왕은 392년 북쪽 거란을 정벌한 뒤 서쪽 후연을 공격하고 동쪽 동부여를 점령하는 등 사방으로 대대적인 정복 사업을 펼쳐 고구려의 영토와 세력권을 만주와 한강 이북에까지 크게 넓혔습니다.

610년
마호메트, 이슬람교 창시

"마호메트여, 나는 신(神)의 예언자이니라."

610년 어느 날, 메카 근처 히라산 동굴에서 명상에 잠겨 있던 마호메트의 귀에 신비한 소리가 들렸습니다. 더불어 짓눌리는 듯한 느낌을 받은 마호메트는 '신의 계시'라고 확신했습니다.

"내가 천사 가브리엘로부터 전해 들은 알라(이슬람교의 유일신)의 가르침을 알려 주겠소."

당시 상인이었던 마호메트는 만나는 사람들에게 일일이 알라의 말을 전해 주었습니다. 마호메트는 평소 틈틈이 명상하며 시간을 보냈었기에 정리된 말을 조리 있게 잘했습니다. 사람들은 마호메트의 설교에 귀를 기울였고, 모든 사람이 평등하다는 주장에 동감했습니다.

"알라를 믿으면 낙원이, 믿지 않으면 지옥이 기다리고 있습니다."

마호메트는 전지전능한 알라의 위대함을 강조하면서 자신이 창시한 이슬람교를 전파했습니다. 가난한 사람들과 노예들이 마호메트의 종교에 빠지자, 귀족 계급이 마호메트를 잡으러 나섰습니다. 마호메트가 귀족들의 풍족한 세계를 위협한다고 생각했기 때문입니다.

"일단 여기를 벗어납시다."

622년 마호메트는 소수의 신도를 데리고 메카에서 도망쳐서 북쪽에 멀리 떨어진 야스리브로 갔습니다. 뒷날 이슬람교에서는 이 사건을 '헤지라'라고 부르며 이슬람교의 기원 원년으로 삼았습니다. 또한 야스리브는 '메디나'로 이름이 바뀌었고, 메카와 함께 이슬람교의 성지가 됐습니다.

"알라 앞에서는 왕도, 노예도 평등합니다. 알라를 믿고 바르게 살면 누구나 천국에 갈 수 있습니다."

메디나에서는 많은 사람이 마호메트의 설교에 호응하여 이슬람교도가 됐습니다. 마호메트는 군대를 양성한 뒤 630년 메카로 진격했으며 나아가 아라비아반도 전체를 이슬람교의 영향권으로 만들었습니다. 마호메트는 632년 세상을 떠났지만, 그의 후계자들이 중동 지역과 이집트까지 이슬람교를 전파했습니다.

한편, 마호메트의 아랍어 이름은 '무함마드(Muhammad)'입니다.

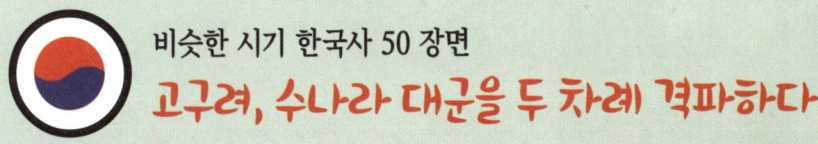

비슷한 시기 한국사 50 장면
고구려, 수나라 대군을 두 차례 격파하다

"그대는 나의 신하이니, 와서 인사하라!"

597년 수나라 문제가 고구려 영양왕에게 위와 같은 굴욕적인 내용의 국서를 보냈습니다.

분노한 영양왕은 이듬해인 598년 요하(오늘날 랴오허강)를 건너 수나라 변방을 공격한 뒤 돌아왔습니다. 고구려는 수나라의 침략을 예상하고 선제공격함으로써 강력한 군사력을 보여 준 것입니다.

그러자 전쟁을 준비했던 수나라는 석 달 뒤 30만 대군을 조직해 고구려 원정에 나섰습니다. 하지만 고구려의 강이식 장군이 수나라의 군량 보급을 차단하는 작전으로 대승을 거뒀습니다.

"아버지의 원수를 갚으리라."

수나라 양제는 612년 더 많은 백만 대군을 거느리고 고구려를 공격했습니다. 이번에는 고구려의 을지문덕 장군이 곳곳에서 치고 빠지는 전략과 살수에서 강물을 차단했다 터뜨리는 기발한 작전으로 수나라 군대를 몰살시켰습니다.

이로써 고구려는 비록 병력은 적지만, 전략 뛰어난 군사 강국으로서 위세를 과시했습니다.

618년
이연, 당나라 건국

　수양제는 612년 백만 대군의 고구려 공격이 실패한 뒤에도 미련을 버리지 못하고 또다시 고구려 침략에 나섰습니다. 전쟁은 실패로 끝났고, 오히려 수나라 전국 각지에서 반란이 일어났습니다.
　"대운하 공사에 연이은 전쟁이라니, 더는 못 참겠다!"
　변방에서 돌궐족 방어 임무를 맡은 태원(오늘날 타이위안) 유수(留守, 관직명) 이연(李淵)도 그중 한 명이었습니다. 이연은 둘째 아들 이세민의 권유에 따라 617년 군사를 일으켰으며, 양유(양제의 손자)를 형식적인 황제로 옹립한 뒤 장안으로 쳐들어갔습니다.

"황제는 어디 있느냐?"

618년 양주(揚州)에 머물고 있던 수양제는 총애하던 시종장 우문화급에게 변을 당했습니다. 수양제가 반란에 대응하지 않고 궁녀들과 향락에 빠지자 우문화급이 황제의 목을 졸라 죽였습니다.

우문화급은 황제 일족을 모두 죽이고, 양호(양제의 조카)를 새로운 황제로 추대했습니다. 우문화급 자신은 승상을 맡아 사실상 모든 권력을 차지했습니다.

"옥새를 내놓으시오!"

허수아비 황제가 두 명이나 있는 상황에서, 양제가 죽었다는 소식을 들은 이연은 자신이 황제로 내세운 양유를 협박해 황제 자리를 이어받은 뒤 정통성을 강조하며 당(唐)나라를 세웠습니다. 당나라 황제가 된 이연은 이듬해 봄 군대를 보내 우문화급 무리를 격파하고 처형했으며 다른 세력도 모두 제압했습니다.

"내게 혁명을 권하더니, 네가 황제를 원했구나!"

하지만 이연은 예상치 못한 상황을 맞이했습니다. 이연이 화폐와 세금 제도를 새롭게 만드는 데 몰두하는 동안, 아들 이세민이 형제를 비롯해 자신이 제위를 계승하는데 방해될 만한 자들을 모두 죽였기 때문입니다. 낙심한 이연은 626년 이세민에게 제위를 넘겨줬습니다.

이렇듯 피바람 속에서 피어난 당나라는 이후 강력한 중앙 집권 체제를 바탕으로 300년 동안 유지됐습니다.

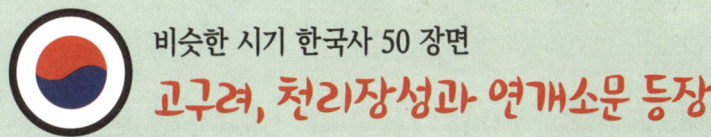

비슷한 시기 한국사 50 장면
고구려, 천리장성과 연개소문 등장

618년 중국에서 수나라가 멸망하고 당나라가 들어섰을 때, 고구려에서는 영양왕이 죽고 영류왕이 고구려 27대 왕으로 즉위했습니다.

"서쪽 변방에 길게 성벽을 쌓아라!"

영류왕은 평화적 관계를 추구하면서도 외적의 침입에 대비해 천리장성 축조를 지시했습니다. '천리장성'은 서쪽 당나라와 북방의 거란, 여진 등의 침입을 막고자 동북쪽 부여성에서 서남쪽 발해만의 비사성에 이르기까지 쌓은 1000리 길이의 성을 이르는 말입니다.

영류왕은 당나라와 화친을 맺고 수나라 때 잡혀간 포로를 찾아왔지만, 남쪽에서 신라로부터 연이은 공격을 받고 고심했습니다. 그러던 중 장성 축조 책임자 연개소문의 세력이 커짐을 두려워하여 제거하려다가 오히려 642년 반란을 일으킨 연개소문에게 살해당했습니다.

연개소문은 반대파를 학살하고 스스로 대막리지가 되어 정권을 잡았습니다. 이로써 고구려는 연개소문이 이끄는 나라가 되었습니다.

651년
사산조 페르시아, 이슬람 세력에 멸망

"항복하라!"

651년 이슬람 세력이 사산조 페르시아를 무너뜨리고 중근동(북아프리카와 서아시아) 지역을 장악했습니다. 사산조 페르시아의 멸망은 충격적인 사건이었습니다. 왜냐하면 사산조 페르시아는 226년부터 오늘날의 이란을 중심으로 이라크, 터키 일부, 이집트에 이르기까지 드넓은 지역을 다스린 군사 강대국이었거든요.

사산조의 국호는 '이란(Eranshahr)'이지만 과거 페르시아 아케메네스 왕조를 계승한다는 뜻에서 사산조 페르시아로 불렸습니다.

"저기도 공격하라!"

사산조 페르시아는 한때 비잔틴 제국을 위협할 정도로 강했습니다. 건축과 조각에서도 뛰어난 솜씨를 보여 줬습니다. 하지만 오랜 기간에 걸친 전쟁 탓에 국력이 점차 약해졌고, 636년 시리아 지역 전투에서 이슬람 원정대에게 크게 패하면서 몰락의 길을 걸었습니다.

651년 야즈데게르드 3세가 암살되면서 종말을 맞이했습니다.

"이제부터 알라를 믿어라!"

이슬람 세력인 아랍인들은 이란인들에게 조로아스터교를 버리고 이슬람교를 믿으라고 했습니다. 이란인들은 예상하지 못한 패배를 받아들이기 힘든 상황에서 종교마저 개종해야 하는 수모를 겪었습니다.

"불의 신을 팽개치고, 보이지도 않는 신을 믿으라니…."

이란인들은 비록 전쟁은 졌지만, 문화적으로 우월하다는 자부심으로 버티다가 결국에는 점차 이슬람교를 받아들였습니다. 이란인들은 대제국을 통치한 경험이 없는 아랍 지도자들에게 페르시아의 정신적 힘을 보여 주었습니다. 이로 인해 이슬람 세계에서 학문, 문화, 예술의 황금기가 시작됐습니다.

한편 서유럽인은 7세기 이후 아라비아반도의 이슬람교도를 '사라센'이라고 불렀습니다. 사라센은 중근동 지역을 제패한 뒤 바다로 눈을 돌려 동서양 무역을 적극적으로 개척했습니다. 바닷길 무역의 시대가 열린 것입니다.

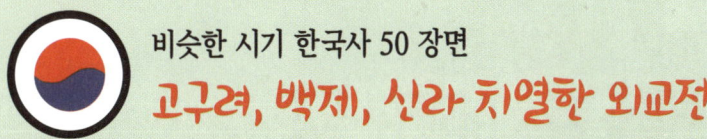

비슷한 시기 한국사 50 장면
고구려, 백제, 신라 치열한 외교전

644년 11월 당나라 태종 이세민은 수십만 대군을 거느리고 고구려를 침공했습니다. 하지만 645년 안시성 전투에서 양만춘 장군이 이끄는 고구려군에게 치명적인 패배를 당한 뒤 철수했습니다.

자존심이 크게 상한 이세민은 병석에 눕는 일이 많아졌고 649년 세상을 떠났습니다.

"당나라 황제가 바뀌었다고?"

이후 고구려, 백제, 신라는 당나라를 상대로 경쟁적인 외교전을 펼쳤습니다. 저마다 자기편으로 끌어들이기 위함이었지요.

651년 1월 고구려가 당나라에 사신을 보내자, 2월에 신라는 김인문(문무왕의 친동생)을 당나라에 보내 머물게 했습니다. 그러자 백제도 즉각 당나라에 사신을 보냈는데 당나라는 백제에 신라와의 화친을 권했습니다.

이 외교전에서 신라가 승리했습니다. 김인문은 5년이나 당나라에 있으면서 군사 협조 약속을 얻어냈고, 이후 백제와 고구려를 정벌할 때 두 나라가 연합해 협공할 수 있는 기반을 닦았습니다.

14 690년 측천무후, 최초 여황제 등극

당나라 태종 이세민은 죽기 전에 후계자 문제로 무척 고심했습니다. 자신이 형제들을 죽이고 제위에 올랐기에 자식들도 그럴 가능성이 컸기 때문입니다.

"태가 황제가 되면 승건과 치는 모두 죽겠지만, 치가 된다면 승건과 태는 살아남으리라."

태종은 여러 아들 가운데 향락에 빠졌거나 잔혹한 성격을 지닌 아들들을 제외하고 성격이 유약한 열다섯 살 아홉째 아들 치를 태자로 선택했습니다. 641년 태종이 죽고, 고종(아들 치)이 즉위했지만, 상황은 이상하게 흘러갔습니다.

"참으로 아름답구나!"

태종이 죽은 뒤 관례에 따라 출가해 비구니로 지내던 전직 궁녀 '무조'가 첫 번째 제삿날에 감업사로 찾아온 고종을 유혹했습니다. 미모에 홀린 고종은 '무조'를 소의(昭儀) 직급 궁녀로 입궁하게 했는데, '무소의'는 계략을 써서 황후를 몰아낸 다음 그 자리를 차지했습니다.

"내가 황후 되는 걸 반대했던 자들을 모두 없애버리리라!"

　단호한 성격을 지닌 무후(武后)는 많은 대신들을 지방으로 쫓아내거나 죽였습니다. 그러고는 우유부단한 고종과 함께 나랏일을 다스렸습니다. 신라가 계속 조공을 바치며 군사 협력을 요청해서 당나라가 백제와 고구려로 연이어 출정할 때도 실질적인 역할을 했습니다. 당 고종과 무후가 통치할 때 나당 연합군에 의해 백제와 고구려가 차례로 멸망했습니다.

"국호를 주(周)로 고치노라!"

683년 고종이 죽은 뒤 무후는 더 큰 야망을 드러냈습니다. 아들 둘을 차례로 황제에 즉위시켰다가 폐위시킨 다음 690년에 나라 이름을 고치고 스스로 '성신 황제(聖神皇帝)'라 칭했습니다. 이후 15년 동안 나라를 직접 통치하다가 705년 반란군에 의해 폐위됐습니다.

중국 역사상 550명 황제 중 여성은 측천무후 단 한 사람뿐입니다. 짧은 재위 기간에 학벌을 따지지 않고 유능한 인재를 등용해 민생을 안정시켰지만, 권력을 차지하고자 피바람을 일으켰기에 '두 얼굴을 가진 여걸'이라는 평가를 받고 있습니다.

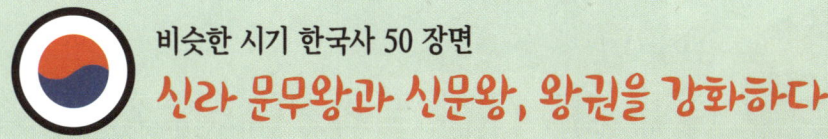

비슷한 시기 한국사 50 장면
신라 문무왕과 신문왕, 왕권을 강화하다

중국에서 측천무후가 권력을 누릴 때, 한반도에서는 신라 문무왕과 신문왕이 국가를 다스렸습니다. 661년 신라 제30대 왕위에 오른 문무왕은 백제와 고구려를 무너뜨리고 신라의 전성시대를 이끌었습니다.

"내 유골을 동해에 묻으면 용이 되어 왜구를 막겠노라!"

681년 위와 같은 유언을 남기고 세상을 떠난 문무왕의 시신은 화장되어 경주 앞바다 대왕암에 모셔졌습니다. 한국사는 물론 세계사에서 유래를 찾기 어려운 수중 장례였습니다.

뒤이어 즉위한 신문왕은 반란을 모의한 귀족들을 제압한 뒤 나라 개혁에 나섰습니다. 교육 기관 국학(國學)을 세워 학문을 장려하고, 행정 지역을 9주 5소경(九州五小京)으로 고쳐 지방에 대한 지배력을 넓혔습니다.

"녹읍(祿邑)을 폐지하노라!"

689년에는 귀족들에게 직무의 대가로 일정 지역의 수조권을 주던 녹읍을 없애고, 대신 관료전을 주거나 매년 직급에 따라 곡식을 지급했습니다. 이는 귀족들의 경제적 기반을 약화한 매우 중요한 정책이었습니다. 이로써 신라는 국왕을 중심으로 한 통치 체제가 완비됐습니다.

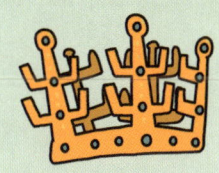

15 1088년
세계 최초 대학, 볼로냐 대학교 창립

"볼로냐 대학에서는 법학을 가르칩니다."

1088년 이탈리아 북부 도시 볼로냐에 세계 최초로 대학이 생겼습니다. 요즘처럼 넓은 땅 안에 독립적인 건축물을 세우지 않고, 도시의 건물에서 강의하는 형태였지만 목표는 명확했습니다.

"대학은 전문적인 학문의 전당입니다."

특정한 분야를 집중적으로 가르쳐 전문가를 키워내기 위함이었습니다. 볼로냐 대학에서는 법학과 의학을 가르쳤는데 특히 법학부는 로마법과 교회법 연구에 있어서 권위를 인정받았습니다. 유럽 전역에서 학생들이 볼로냐로 찾아왔습니다.

"혼자보다 단체로 말해야 힘이 있습니다."

당시 유럽에는 중세 영주의 권력에 대항하고자 상공업자들이 동업 조합 길드를 결성하는 일이 많았습니다. 학생들도 학생 길드를 결성한 뒤 교수들에게 다음과 같은 서약서를 받았습니다.

'교수는 수업 시작 종소리와 함께 강의를 시작하고 종료 종소리와 함께 끝낸다. 강의 내용은 판에 박은 듯해서는 안 된다. 교수는 휴가 뒤에 학교에 돌아옴을 보증하기 위해 일정한 돈을 내야 한다.'

그러자 신분에 불안감을 느낀 교수들도 길드를 조직해서 시민으로서 주장할 수 있는 권리를 보장받으려 했습니다. 신성 로마 제국 황제 프리드리히 1세는 1158년 칙령을 통해 볼로냐 대학을 교육 기관으로 인정해 줬습니다. 이때 학생들의 권리를 보장하면서 교수들에게도 부당한 체포로부터 보호받을 권리를 주었습니다.

"우리도 대학을 세웁시다!"

볼로냐에서 생긴 조직은 근대 대학의 본보기가 됐습니다. 프랑스에

파리 대학교, 영국에 옥스퍼드 대학을 비롯해 점차 여러 나라에 많은 대학이 생겼습니다.

   14세기 후반에 이르러서는 '대학'이란 용어가 교수와 학자들의 공동체를 이르는 말로 통했습니다. 이후 대학은 고급 인력을 양성하는 교육 기관으로 자리 잡았습니다.

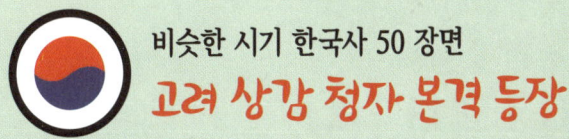

비슷한 시기 한국사 50 장면
고려 상감 청자 본격 등장

이탈리아에 대학이 처음 생긴 11세기 말엽, 제13대 왕 선종(宣宗)이 고려를 다스렸습니다. 1083년 즉위한 선종은 불교를 신봉하면서도 유교를 중시하는 화합 정치를 추구했습니다. 아울러 안으로는 국학(國學) 발전을 꾀하면서, 외교적으로는 송나라와 거란을 모두 인정하는 중립 외교를 펼쳐 나라를 안정시켰습니다.

"흙으로만 무늬를 냈는데도 아름답도다!"

한편 11세기 말엽은 '상감 청자'가 제대로 아름다움을 보여 준 시기였습니다. 겉면에 무늬를 새기고 거기에 다른 흙을 끼워 장식하는 상감(象嵌) 기법은 고려 도공의 독창적인 발명이었습니다. 또한 고려청자 색깔은 '비색(翡色)'으로 불리며 높은 평가를 받았습니다.

요컨대 11세기 말엽부터 13세기 후반까지 제작된 고려 상감 청자는 색깔과 장식 기법 모두에서 최고였습니다.

국보 제115호로 지정된 '청자 상감 당초문 완'은 전성기에 만들어진 청자 주발로, 연대를 알 수 있는 상감 청자 가운데 가장 오래된 유물입니다.

16 1096년
유럽, 십자군 원정 시작

"너희는 여기에 오지 마라!"

셀주크 튀르크는 11세기 중엽 예루살렘을 지배하면서 그리스도교 순례자들을 박해했습니다. 당시 서유럽 사람들은 그리스도교를 믿으며 예루살렘을 다녀오는 성지 순례가 유행이었는데, 이슬람교도인 튀르크족이 그걸 싫어했습니다.

"여기도 우리 땅이다!"

나아가 셀주크 튀르크는 소아시아를 공격하여 비잔틴 제국의 일부를 빼앗았습니다. 위기를 느낀 비잔틴 제국 황제는 로마 교황에게 도움을 요청했습니다. 비잔틴 황제는 비잔틴 교회의 우두머리였지만, 이슬람교도의 위협에 맞서기 위해 분열되어 있던 로마 교황에게 손을 내민 것입니다.

"이교도로부터 예루살렘을 되찾읍시다!"

로마 교황은 1095년 프랑스의 클레르몽 공의회에서 열정적으로 연설하여 유럽 군주와 제후들의 호응을 이끌어냈습니다. 교황은 겉으로 성지 회복을 내세웠지만, 실제 속셈은 동서로 분열된 교회를 통합하면

서 국왕에게 밀린 권위를 되찾는 데 있었습니다.

"가슴에 십자가를 나타냅시다!"

1096년 첫 출정한 제1차 원정대의 기사들은 가슴에 십자가를 표시했습니다. 하여 이들은 '십자군'이라 불렸습니다. 대규모 연합군은 위세를 과시하면서 이슬람교도를 몰아내고 예루살렘 왕국을 세웠습니다.

"일이 뜻대로 되지 않네."

그런데 십자군 원정은 교황의 기대와 다른 결과를 낳았습니다. 이후 이슬람교도에게 예루살렘을 도로 뺏긴 뒤 십자군이 여덟 차례나 더 출정했지만, 모두 이슬람교도에게 패했거든요.

또한 십자군 원정은 일시적으로 교황의 권위를 높였지만, 원정에 참가한 제후와 기사의 세력은 약해지면서 점차 군대를 이끄는 국왕의 권력이 더 강해졌습니다.

한편 이슬람교도 입장에서 십자군은 약탈과 학살을 일삼은 침략자였습니다. 십자군이 많은 이슬람교도와 유대인을 학살했고, 이슬람의 유물과 유적을 빼앗아가거나 파괴했으니까요.

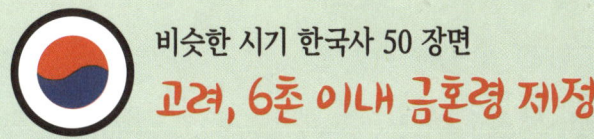

비슷한 시기 한국사 50 장면
고려, 6촌 이내 금혼령 제정

유럽에서 십자군이 처음으로 원정에 나선 1096년 고려에서는 제15대 왕 숙종이 6촌 이내 금혼령을 내렸습니다.

'가까운 친척끼리 결혼하지 않는 건 당연한 일 아닌가?'

사정을 잘 모르는 사람들은 위와 같이 생각했겠지만, 사실 이 금혼령은 겉으로는 백성에게 알리는 듯해도 실제로는 국왕을 견제하는 법률이었습니다. 어찌 된 일일까요?

본래 고려 왕실은 제4대 왕 광종 이후 족내혼을 통해 다른 집단이 들어오지 못하도록 하면서 절대적 왕권을 유지하고 있었습니다. '족내혼'은 같은 씨족 안에서만 배우자를 구하는 혼인 형식을 이르는 말입니다.

그런데 과거 제도를 거쳐 관리가 된 유학자들이 점점 많아지면서 족내혼을 없애야 한다고 주장했습니다. 하여 숙종은 이들의 건의를 받아들여 6촌 이내 금혼령을 발표했습니다. 이를 통해 이 무렵 왕권이 신하들에 의해 약해졌음을 알 수 있습니다.

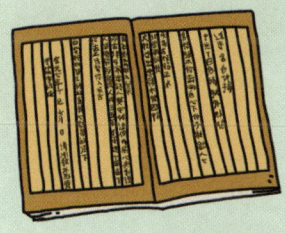

1206년
칭기즈 칸, 몽골 통일

　12세기 초 중국은 북금 남송, 즉 북쪽은 금나라가 다스리지만 남쪽은 송나라가 차지한 상태였습니다. 이때 몽골고원에서 '용감한 자'라는 뜻의 테무친이 여러 부족을 통일하고 1206년에 몽골 제국을 세웠습니다.

"우리의 위대한 칸, 만세!"

몽골어로 '칸(Khan)'은 '왕', '군주'를 뜻하는데, 테무친은 '전 세계의 군주', '만물의 통치자'라는 뜻의 '칭기즈 칸'으로 추대됐습니다. 왕족의 후예이지만, 아홉 살에 아버지를 잃은 뒤 온갖 고생을 이겨내고 군주가 된 테무친은 기존의 씨족제 사회를 천 가구 단위로 구성한 천호제(千戶制)로 새롭게 바꿨습니다.

"체계적으로 관리하도록 하라!"

천호제를 맡은 천호장 아래에 백호장과 십호장을 두어, 통솔과 관리를 간편하게 했습니다. 십호장은 열 가구를, 백호장은 십호장 열 명을, 천호장은 백호장 열 명을, 그리고 칭기즈 칸은 천호장만 통제하면 되니까요.

"차례로 점령하자!"

칭기즈 칸은 주변의 소수 민족부터 하나씩 정복한 뒤 금나라를 침략해 1214년 항복을 받았습니다. 이번에는 서쪽으로 눈을 돌려 서방 세계와 원거리 무역을 희망했습니다. 마침 호라즘 제국이 먼저 교역을 청해왔기에, 칭기즈 칸은 사신과 상인을 보냈는데 이들이 국경 지대에서 살해됐습니다.

분노한 칭기즈 칸은 1219년 군대를 몰아 진격했고, 호라즘을 초토화시켰습니다. 이때 몽골군은 주민들을 몰살함으로써 잔인한 야만족이라는 악명을 얻었습니다. 어쨌든 이후 호라즘 주변국까지 공격해 대제국을 이뤘습니다. 칭기즈 칸은 거대한 영토를 아들들에게 네 곳으로 나눠 준 뒤 병들어 죽었습니다.

한편 칭기즈 칸은 전투 식량을 해결하기 위해 독특한 음식 문화를 만들었습니다. 양고기를 햇볕에 말린 육포, 투구에 물을 끓이고 고기와 여러 채소를 살짝 데쳐 먹는 요리가 그것입니다.

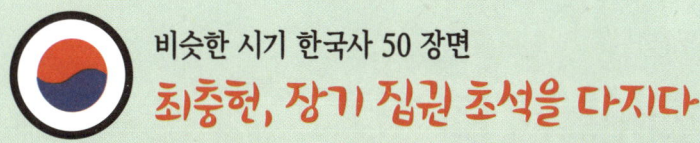

비슷한 시기 한국사 50 장면
최충헌, 장기 집권 초석을 다지다

테무친이 몽골 초원에 흩어져 있던 부족들을 통합하려고 동분서주할 무렵, 고려에서는 최충헌 장군이 권력을 잡았습니다.

"이의민 장군은 난폭해서 위험해."

1196년 최충헌은 동생 최충수와 함께 집권 중이던 이의민을 습격해 죽이고, 그 일당을 쫓아내거나 없앴습니다. 이로써 정중부의 난(1170년)을 시작으로 이의방, 경대승, 이의민으로 이어지는 '무신의 난'에서 최충헌이 최종 승자가 됐습니다.

"그만 왕위에서 내려오시지요."

최충헌은 명종을 폐하고 신종을 새로운 왕으로 내세우고는 권력을 마음대로 휘둘렀습니다. 최충헌 이전 장군들은 다른 장군들과 권력을 나눠 가졌지만, 최충헌은 모든 걸 독차지했고 1209년 교정도감을 설치해서 나랏일을 직접 처리했습니다.

교정도감은 관리를 임명하거나 해임할 수 있는 최고 권력 기관으로, 이후 60년 동안 무신 정권을 뒷받침했습니다. 이로써 국가 체계와 질서가 크게 무너졌습니다.

1271년
쿠빌라이, 원나라 건국

"아직 할 일이 많은데…."

칭기즈 칸의 손자 몽케 칸이 몽골 제국의 번영을 이끌다가 1259년에 전염병으로 죽었습니다. 이에 따라 쿠릴타이(국가적 족장 회의)에서 다음 '칸(통치자)'을 선출해야 하는데, 몽케의 둘째 동생 쿠빌라이가 회의를 생략하고 전쟁터에서 즉위했습니다. 막냇동생이 칸을 노리는 걸 알고 선수 친 것입니다.

"뭐야? 형이 멋대로 칸이 됐다고?"

불만을 품은 동생 아리크부카는 자신이 진정한 칸이라며 전쟁을 일으켰고, 쿠빌라이는 형제끼리의 싸움을 마다하지 않았습니다. 오고타이한국의 카이두 칸도 쿠빌라이에 도전해 왔습니다. 쿠빌라이는 전쟁 중인 1271년 베이징으로 수도를 옮기고 원(元)나라를 세웠습니다.

"남송도 없애야 한다!"

쿠빌라이는 1279년 남쪽에 있는 송나라를 멸망시키고 중국과 주변 지역을 아우르는 대제국을 이뤘습니다. 쿠빌라이는 몽골어를 공식어로 사용하고 어떤 일에든 몽골인을 제일로 대우하는 정책을 쓰면서 몽골인의 우월성을 강조했습니다. 그렇지만 여기서 만족하지 않고 고려를 침공하여 굴복시킨 뒤 일본 정벌을 시도했습니다.

"군함을 많이 만들어라!"

쿠빌라이는 고려에 전쟁 준비를 시켰고, 1274년 고려군과 연합하여 일본으로 쳐들어갔습니다. 하지만 뜻하지 않은 태풍 탓에 1차 원정에 실패했습니다.

1281년 몽골-고려 연합군이 다시 일본을 공격했지만, 이때도 태풍이 불어와 결과적으로 실패했습니다. 쿠빌라이는 1293년 인도네시아 자바섬에도 원정군을 보냈지만 열대 기후와 질병에 시달린 끝에 실패로 끝났습니다.

"아, 바다 건너 섬나라 정복은 쉽지 않구나."

이렇듯 남쪽 정벌에 열을 내던 쿠빌라이는 1294년에 78세 나이로 죽었습니다. 이와 함께 몽골의 국력은 급격히 약해졌습니다. 많은 병력과 경제력을 써서 없앴기 때문입니다.

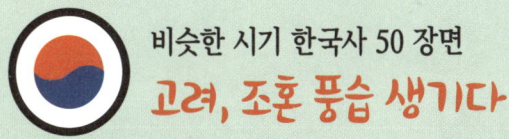

비슷한 시기 한국사 50 장면
고려, 조혼 풍습 생기다

13세기 최대 강국인 몽골 제국은 1231년 고려를 1차 침입한 이후 1232년, 1235년, 1247년, 1253년, 1254년, 1257년 무려 일곱 차례나 침공했습니다.

"몽골군은 수전에 약하니 섬으로 갑시다."

1247년 몽골의 4차 침입 때 무신 정권은 강화도로 도읍을 옮기고 30년 동안 항전했습니다. 하지만 내륙에 있는 백성들의 희생이 크자, 고려 정부는 1259년 항복하고 부마국이 됐습니다. '부마'는 임금의 사위를 이르는 칭호이며, '부마국'은 원나라 공주를 정비(正妃)로 맞아 그 사이에서 태어난 아들만이 왕위에 오를 수 있게 된 데서 유래한 말입니다.

"예쁜 처녀들을 바쳐라!"

몽골이 위와 같이 요구하자, 고려에는 어린 남녀를 빨리 결혼시키는 풍습이 생겼습니다. 몽골의 처녀 요구가 고려의 조혼(早婚) 문화를 낳은 셈입니다.

한편, 1270년 무신 정권의 특수 부대였던 삼별초가 난을 일으키고 진도와 제주도로 옮겨가며 항쟁했으나 1273년 평정됐습니다.

1337년
백년전쟁 시작

"왕께서 서거하셨습니다."

1328년 샤를 4세가 죽자, 왕위 계승 문제로 갈등이 일어났습니다. 샤를 4세의 사촌(발루아 백작)이 필리프 6세가 되어 프랑스 발루아 왕조의 초대 왕이 됐습니다. 그러자 잉글랜드 왕 에드워드 3세가 반발했습니다. 당시 잉글랜드는 노르망디를 비롯해 브르타뉴 등 프랑스 국토의 서쪽을 많이 차지한 상태였는데, 에드워드 3세는 이렇게 말했습니다.

"프랑스 왕위도 나의 것이라네."

에드워드 3세는 아예 두 나라의 국왕이 되고자 했고, 필리프 6세는 잉글랜드가 차지한 프랑스 서쪽 땅을 모두 프랑스 땅으로 삼고자 했습니다. 결국 두 나라는 전쟁을 벌였습니다.

"프랑스 군대는 힘이 없구나!"

잉글랜드 군대는 여러 전투에서 프랑스 군대를 제압하며 많은 영토를 빼앗았습니다. 그렇지만 두 나라는 싸웠다가 멈추고, 멈췄다가 싸우는 등 간헐적으로 전쟁을 치렀습니다. 각자 자기 나라에서 권력 다툼이 벌어졌기에 그걸 수습하느라 그랬습니다.

두 나라의 전쟁은 대를 이어가며 1453년까지 계속됐습니다. 하여 '백년전쟁'으로 불리지만 실제로 싸운 기간은 그렇게 길지 않습니다.

"우리가 프랑스를 구합시다!"

1429년 오를레앙 전투에서 샤를 7세 군대가 위기에 빠졌을 때 혜성처럼 등장한 잔 다르크가 잉글랜드 군대의 포위망을 뚫고 프랑스 군대를 구함으로써 전쟁의 분위기가 확 바뀌었습니다. 이후 프랑스의 샤를 7세는 1453년까지 대부분의 프랑스 땅을 되찾았습니다.

"지긋지긋한 전쟁이 끝났다!"

전쟁은 엄청난 피해를 낳았습니다. 특히 14세기 중엽 페스트까지 유럽에 퍼져 많은 사람이 죽었습니다. 그 결과 전쟁과 전염병에 지친 농민들이 반란을 일으켰고, 봉건 제후와 귀족들이 몰락했습니다.

무엇보다 백년전쟁은 '잉글랜드'와 '프랑스'라는 국가 개념을 확실하게 자리 잡게 했습니다. 또한 두 나라는 앙숙 사이가 됐습니다.

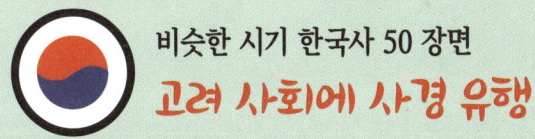
비슷한 시기 한국사 50 장면
고려 사회에 사경 유행

　유럽이 전쟁으로 몸살을 앓던 14세기에 고려는 원나라에 복종하면서 몽골 문화를 받아들이는 굴욕스러운 시절을 보냈습니다. 고려는 충렬왕부터 원나라에 충성한다는 의미로 '忠(충성 충)' 자로 시작하는 시호를 받았으며, 국왕이 수시로 바뀌는 수모를 겪었습니다.

　1308년 충선왕 즉위, 1313년 충숙왕 즉위, 1330년 충숙왕 폐위되고 충혜왕 즉위, 1332년 충숙왕 복위되고 충혜왕 폐위, 1339년 충혜왕 복위, 1344년 충목왕 즉위, 1348년 충정왕 즉위.

　이렇듯 나라가 혼란스럽고 불안하자, 사람들은 불교에 기대어 마음의 안정을 찾으려 했습니다. 평민들은 미래 세계에서 중생을 구제해 준다는 미륵불을 찾아 기도를 드렸고, 귀족들은 사경(寫經)을 통해 불심을 적극적으로 나타냈습니다.

　'사경'은 공덕을 쌓기 위하여 불교 경문을 옮겨 적는 일을 이르는 말입니다. 오늘날 국보 제215호로 지정된 《감지은니대방광불화엄경》은 감색 종이에 은가루로 쓴 당시의 대표적인 사경입니다.

1392년
티무르, 바그다드 침공

"내가 칭기즈 칸의 후예이노라!"

1370년 튀르크계 바를라스 부족 출신의 티무르는 차가타이한국을 장악하여 티무르 왕조를 세운 뒤 위와 같이 선언했습니다. 몽골인은 부계 혈통만 칭기즈 칸의 후손으로 인정하는데, 티무르는 어머니 쪽만 몽골계인 혼혈임에도 칭기즈 칸을 숭배했기에 그리 말한 것입니다.

"칭기즈 칸의 위업을 따라 하리라!"

'철(鐵)'이란 뜻의 티무르는 이름만큼이나 강한 기질을 지녔고, 해마다 군대를 이끌고 원정을 다녔습니다. 티무르는 전투에 타고난 재능이 있어서 다양한 전략으로 연전연승했습니다. 또한 어디든 점령한 뒤에는 무자비하게 약탈하여 잿더미로 만들고 철수했습니다.

"체크메이트(장기의 장군)!"

티무르는 평소 체스(서양장기)를 즐겼습니다. 체스에는 보병, 기병, 대포 등이 있는데 그걸 이동시키고 배치하면서 실전에서의 전략과 전술을 연구했습니다.

"오스만 튀르크가 별거냐!"

사마르칸트를 근거지로 둔 티무르는 사방으로 영역을 넓혔으며 1392년부터는 오스만 튀르크가 지배하는 서아시아를 목표로 전쟁을 감행했습니다. 바그다드를 침공해서는 주민 9만 명을 학살하여 소문을 들은 사람들을 덜덜 떨게 만들었습니다.

"술탄을 사로잡았다!"

티무르는 1402년 오스만의 술탄(황제) 바예지드 1세를 붙잡아 죽였습니다. 티무르는 건축과 공예 기술자들을 끌고 사마르칸트로 돌아와서 제국의 수도에 아름다운 건축물을 여럿 짓게 했습니다. 지금도 사마르칸트에는 티무르 제국 때 세워진 유적들이 많이 남아 있습니다.

"이제 명나라만 남았다!"

하지만 티무르는 1405년 명나라 원정 도중 질병으로 죽었고, 사마르칸트에 시신이 안치됐습니다. 티무르는 오늘날에도 사마르칸트가 있는 나라 우즈베키스탄에서 민족의 영웅으로 추앙받고 있습니다.

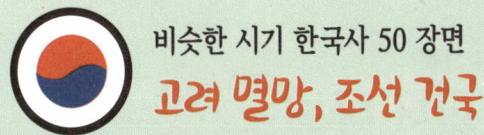

비슷한 시기 한국사 50 장면
고려 멸망, 조선 건국

14세기 후반은 중국과 한반도 모두 혼란의 시기였습니다. 중국에서는 원나라에 시달린 한인들이 봉기했고, 머리에 붉은 두건을 쓴 홍건적 중 하나인 주원장이 1368년 명나라를 세웠습니다.

"철령 이북 땅을 가져가겠노라!"

명나라가 위와 같이 통보해 오자, 위기를 느낀 고려 우왕은 신하들과 대책을 논의했습니다. 이때 최영 장군은 요동 땅 정벌을 주장했고, 이성계 장군은 여러 이유를 들어 반대했습니다.

최영 장군은 고려의 국운을 끌어올릴 기회라며 우왕을 설득했고, 결국 요동 정벌군 출정이 결정됐습니다.

"지금은 전쟁할 때가 아니라 나라를 개혁할 때다!"

그런데 1388년 정벌군을 이끌고 가던 이성계는 압록강 하류에 있는 위화도에서 군대를 돌렸습니다. 그러고는 압도적 병력을 바탕으로 개경을 점령한 뒤 우왕과 최영 장군을 귀양보냈다가 죽이고는 1392년에 새로운 왕조 조선(朝鮮)을 세웠습니다.

21 1405년
명나라, 남해 원정 단행

명나라 3대 황제 영락제는 야심이 많은 인물이어서 자신의 위대함을 널리 세상에 알리고 싶어 했습니다. 그는 2천여 명에 이르는 학자들을 동원해 막대한 정보를 다룬 대백과사전 《영락대전》을 펴냈습니다.

"남쪽 바다 건너에 나라가 많다 하니, 이들도 내게 조공하도록 하라!"

영락제는 깊이 신임한 환관 정화(鄭和)를 총사령관으로 임명하여 남해 출정을 명했습니다. 경제가 안정되어 자금이 넉넉했고, 거친 파도를 헤쳐나갈 배를 제작할 수 있는 기술력도 있었기에 가능한 일이었습니다.

"천지신명이시여, 살펴 주소서."

1405년 정화는 안전을 기원하는 고사를 지낸 뒤, 배 62척에 승선 인원 2만여 명에 이르는 엄청난 선단을 이끌고 항해에 나섰습니다. 큰 배는 8천 톤 급인데, 뒷날 1497년 포르투갈 항해가 바스쿠 다가마가 희망봉을 돌 때 탔던 배 120톤보다도 훨씬 규모가 컸습니다.

"명나라에서 왔소. 황제의 선물을 받고, 조공하시오."

정화는 가는 곳마다 대규모 선단으로 위협하며 명나라 황제에게 예물을 바치라고 요구했습니다. 대부분은 겁을 먹고 그에 응했습니다. 정화는 도자기와 비단을 선물로 주거나 팔았고, 향료와 진주 등을 사들였습니다.

"폐하, 무사히 다녀왔나이다."

정화는 3년 9개월 뒤에 귀국하여 그간 있었던 일을 보고했습니다. 이와 함께 정화와 함께 온 각국 사절들이 황제에게 진귀한 선물을 바쳤습니다. 영락제는 대단히 기뻐하며, 다시금 남해 원정을 명했습니다.

하여 정화는 1433년까지 총 일곱 차례나 남해를 원정했고, 항해 거리도 늘어나서 4차 원정 때는 아프리카 동해안까지 도착했습니다. 영락제는 1424년에 세상을 떠났고, 정화는 1433년 7차 원정 때 병을 얻어 죽으면서 남해 원정이 끝났습니다. 하지만 명나라 문화는 동남아시아, 중동, 아프리카까지 전해졌습니다.

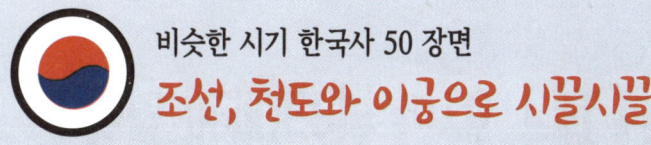

비슷한 시기 한국사 50 장면
조선, 천도와 이궁으로 시끌시끌

"도읍지를 어디로 하면 좋겠소?"

이성계는 조선을 건국한 뒤 하루빨리 도읍지를 옮기려 했습니다. 고려에 대한 백성들의 미련을 없애고, 새로운 왕조에 대한 충성을 이끌어내기 위해서였지요. 처음에는 한양으로 정했다가 이내 무학 대사가 추천한 계룡산 일대로 바꿨습니다.

하지만 하륜의 반대로 재논의한 끝에 1394년 8월 한양으로 정했습니다. 이때 정도전이 주장한 백악산 앞을 명당으로 선택했습니다. 그해 10월 궁궐도 완성되지 않은 한양으로 천도했고, 1395년 가을 완공된 경복궁으로 들어갔습니다.

그런데 1398년 다섯째 아들 이방원이 다른 형제들을 죽이는 '왕자의 난'을 일으키자, 이성계는 1399년 개경으로 환궁했습니다. 1400년 조선 제3대 왕이 된 이방원은 1404년 한양으로 재천도를 결정했으며, 자신이 피바람 일으킨 경복궁을 꺼려 이궁(離宮, 또 다른 궁궐)으로 1405년 창덕궁을 새로 지었습니다.

이처럼 15세기 초의 조선은 궁궐을 옮기는 문제로 혼란스러운 시절을 보냈습니다.

1453년
22 비잔틴 제국, 오스만 튀르크에게 멸망

15세기 중엽 비잔틴 제국은 대부분의 땅을 오스만 튀르크에게 뺏긴 채 콘스탄티노플에서 힘겹게 명맥을 이어가고 있었습니다. 당시 콘스탄티노플은 두꺼운 성벽으로 요새화되어 있었고, 흑해와 마르마라해를 연결하는 보스포루스 해협을 쇠사슬로 봉쇄하여 바다로 들어오려

는 적군의 침입을 막았습니다.

"우리는 로마의 후예로서 제국을 지킬 의무가 있다."

비잔틴은 로마 제국이 동서로 갈라진 뒤 610년부터 콘스탄티노플을 중심으로 하여 세운 나라입니다. 콘스탄티노플의 원래 지명이 비잔티움이었기에 비잔티움 제국이라고도 하며, 비잔틴은 그리스 정교 본거지로 찬란한 비잔틴 문화를 이룩했습니다. 그러하기에 국력이 약해졌어도 정신적 자부심은 대단했지요.

"성벽을 파괴시킬 대포를 제작하라!"

오스만 튀르크의 제7대 술탄 메메트 2세는 그런 비잔틴 제국을 그냥 두지 않았습니다. 전임 술탄 때부터 재상인 할릴 파샤가 무모한 전쟁이라며 반대했지만, 메메트 2세는 생각이 달랐습니다. 1451년 술탄에 즉위하자마자 이듬해 보스포루스 해협에 요새를 건설해서 비잔틴 제국을 압박했고, 1453년 군대를 이끌고 출병했습니다.

"육지를 통해 배를 이동시켜라!"

비잔틴 군대가 굳건한 성벽 안에서 버티고 있을 때, 메메트 2세는 쇠사슬 탓에 지나갈 수 없는 해협 대신에 땅으로 배를 끌어 옮기는 기발한 작전을 펼쳤습니다.

그러고는 사방에서 공격하여 콘스탄티노플을 함락했습니다. 이로써 전성기에 그리스, 터키, 시리아, 이집트 지역을 지배했던 비잔틴 제국이 멸망했습니다.

"이스탄불로 부르도록 하라!"

메메트 2세는 비잔틴 제국을 없앤 뒤 콘스탄티노플을 '이스탄불'로 고친 다음 오스만 제국의 수도로 삼았습니다. 제국은 바뀌었지만 여전히 무역과 군사적 요충지였기 때문입니다. 메메트 2세는 이후에도 주변을 계속 정복해서 '정복자'라는 별명을 얻었습니다.

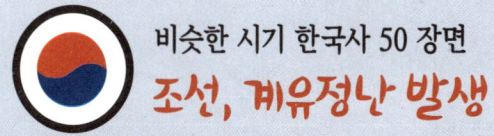

비슷한 시기 한국사 50 장면
조선, 계유정난 발생

1452년 조선 제6대 왕으로 즉위한 단종의 나이는 11세였습니다. 단종의 어머니는 출산 후유증으로 이미 죽었기에 수렴청정(나이 어린 임금 대신 나랏일을 돌보는 일)을 할 만한 사람이 없었습니다. 그걸 염려하여 제5대 왕 문종은 김종서와 황보인 등에게 단종을 잘 보필해 달라는 유언을 남겼습니다.

"김종서부터 죽여라!"

하지만 단종의 삼촌 수양 대군이 국왕이 되고자 여러 대신을 죽이고 권력을 잡았습니다. 이 사건을 '계유정난'이라고 하는데, 참여해 공신으로 인정받은 사람이 250여 명이나 됐습니다.

수양 대군은 동생 안평 대군마저 반역죄 죄명으로 죽이고는 신하들을 시켜 단종이 스스로 물러나도록 만들었습니다. 그러고는 1455년 제7대 왕이 됐습니다.

"수양 대군을 왕으로 모실 수 없다!"

1456년 성삼문, 박팽년 등이 단종 복위를 시도하다가 적발되자 세조는 이들을 모두 처형했습니다. 그러고는 강력한 통치로 빠르게 나라를 안정시켰습니다.

23 15세기
르네상스 전성기

"말만 하세요. 필요한 건 뭐든 있습니다."

200년에 걸쳐 십자군 원정이 진행되면서 14세기 들어 그 통로인 이탈리아 북부 베네치아, 피렌체, 밀라노 등의 도시는 동서 무역으로 활기가 넘쳤습니다. 더욱이 15세기에 비잔틴 제국이 멸망할 무렵 동로마 지식인과 예술인이 이탈리아반도로 피신했기에 여러 면에서 북적거렸습니다.

"여기라면 뭔가 할 일이 있을 거야."

당시 이탈리아반도는 도시 국가로 분열된 상태였고, 무역으로 큰돈을 번 상인들이 점차 실권을 잡아갔습니다. 특히 피렌체의 코시모 데 메디치는 금융업으로 크게 성공한 뒤 14세기 중엽부터 거대한 자금력을 바탕으로 정치마저 사실상 좌우했습니다.

"여러분들은 아름다운 예술을 마음껏 펼치시오. 생활은 내가 보장해 주리다."

메디치는 예술가들을 경제적으로 후원해 주면서 자신의 명예와 권위를 높이고자 했습니다. 배고픔 없이 일할 수 있게 된 예술가들은 창의력을 마음껏 발휘해 멋지고 아름다운 작품을 선보였습니다.

"인간의 몸은 예술 그 자체입니다."

피렌체에서 활동한 예술가들은 신(神)을 중심으로 한 사고방식에서 벗어나 인체의 아름다움을 보여 주었습니다. 벌거벗은 몸을 아름답게 그린 그림은 사람들에게 신선한 충격을 주었고, 붉은 돔(반구형 지붕)이 인상적인 건축물도 세워졌습니다.

"고대 문헌을 수집해서 도서관을 만드시오."

메디치는 필경사(직업으로 글씨 쓰는 사람)를 고용해서 필사본을 펴내고 도서관을 시민에게 개방해서 학문을 보급했습니다. 메디치 가문은 이후 300여 년 동안 예술과 인문학을 주도했습니다.

후세 역사가들은 인간다운 삶이 무엇인지 연구하고 추구한 이 시기를 '르네상스'라고 말했습니다. 고대 그리스 로마의 빛나는 문화가 '재생', '부흥'했다는 뜻입니다. 레오나르도 다빈치, 미켈란젤로, 라파엘로는 르네상스의 대표적인 예술가들입니다.

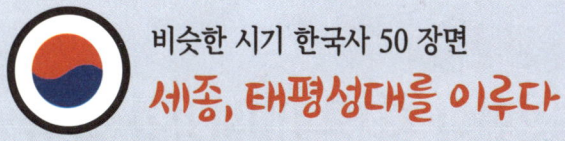

비슷한 시기 한국사 50 장면
세종, 태평성대를 이루다

유럽의 이탈리아반도에서 르네상스가 시작될 무렵, 조선에서는 제4대 왕 세종이 밖으로는 국경을 튼튼히 하면서 안으로는 문화의 꽃을 활짝 피웠습니다.

"지혜와 지식을 다룬 서적을 한곳에 보관하도록 하라."

세종은 궁중에 집현전(集賢殿)을 설치해 효과적으로 활용했습니다. 자신을 도와줄 친위 부대를 키우는 동시에 그들이 학문에 집중해서 정치와 실생활에 도움이 되도록 했습니다. 실제로 집현전 학자들이 편찬한 법률, 의약, 음악, 농업, 과학 등에 관한 서적은 조선 사회를 발전시키는 데 큰 역할을 했습니다.

"우리글을 반포하도록 하라!"

세종의 수많은 업적 중 훈민정음 창제는 실로 놀라운 일이었습니다. 쉽게 배울 수 있는 문자 덕분에 이후 백성들도 글을 쓰고 읽을 수 있게 됐으니까요. 세종 때에는 예술도 발달했는데, 1447년 안견이 그린 〈몽유도원도〉가 그 대표작이라 할만합니다.

1492년
콜럼버스, 유럽인 최초로 아메리카 발견

"아시아 동쪽에 황금의 나라 인도가 있다니 가 보고 싶네."

이탈리아 출신 항해사 콜럼버스는 마르코 폴로의 《동방견문록》을 읽으며 나름대로 목표를 세웠습니다. 천문학자 토스카넬리는 지구가 둥글다면서 유럽에서 서쪽으로 항해하면 인도로 더 빨리 갈 수 있다고 주장했습니다. 당시에는 범선을 타고 동쪽으로 항해했는데, 이 경우 아프리카를 돌아가므로 바닷길이 무척 멀었습니다.

"좋아, 내가 서쪽으로 항해해서 인도로 가 보자."

콜럼버스는 포르투갈 왕에게 편지를 보내 자신의 계획을 말하며 비용을 지원해 달라고 요청했지만, 황당하다는 이유로 거절당했습니다. 하여 스페인(에스파냐) 여왕에게 다시 계획을 말했고, 다행히 지원을 받게 됐습니다.

1492년 8월 3일, 콜럼버스는 범선 세 척을 이끌고 스페인 팔로스항을 출발했습니다.

"뭐야, 아무것도 없잖아. 속았네, 속았어."

한 달이 지나도록 육지가 보이지 않자, 선원들이 속았다며 콜럼버스에게 돌아가자고 요구했습니다. 콜럼버스는 반항하는 선원들을 달래 가며 계속 항해했고, 그해 10월 12일 드디어 그들 관점에서 새로운 대륙에 도착했습니다.

"드디어 신대륙이다!"

콜럼버스는 이 땅을 '산살바도르(거룩한 구세주라는 뜻)'라고 명명했습니다. 당시 섬에 살던 사람들은 아즈텍족이었지만, 콜럼버스는 원주민을 인도 사람으로 오해해 '인디언'이라고 불렀습니다.

콜럼버스는 이어 쿠바와 아이티 등을 탐험한 뒤 1493년 3월 스페인으로 돌아와 이사벨 여왕에게 인도를 발견했다고 보고했습니다.

하지만 콜럼버스는 황금이 많다고 거짓말했고, 황금을 가져오겠다며 몇 차례 더 항해에 나섰습니다. 결과적으로 콜럼버스는 황금을 발견하지 못했으며 1506년에 건강이 나빠져 죽었습니다.

그렇지만 콜럼버스가 '황금의 환상'을 심어 준 까닭에 이후 유럽 각국은 아메리카를 탐험하며 식민지로 만들었고 원주민을 착취했습니다.

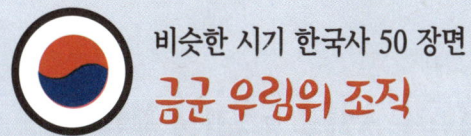

비슷한 시기 한국사 50 장면
금군 우림위 조직

콜럼버스가 인도로 항해를 떠날 당시, 조선은 제9대 왕 성종(成宗)이 나라를 다스렸습니다. 성종은 문인과 무인을 차별 없이 대우했고, 유교 정치를 실시하고자 사림을 중용했으며, 1485년 조선 왕조 통치의 중심이 되는 《경국대전》을 반포했습니다. 조선의 헌법이 발표된 것입니다.

"우림위(羽林衛)를 편성하라!"

성종은 1492년 금위군에 우림위를 신설했습니다. '금위군'은 궁궐을 지키고 임금을 호위하는 군대를 이르는 말입니다. 그런 금위군에 추가된 '우림위'는 서얼 출신만으로 꾸려진 특이한 부대였습니다. '서얼'은 본부인이 아닌 여자에게서 난 아들을 이르는 말입니다.

"변방에 병력이 더 필요하나이다."

당시 북방 지역에 금군을 많이 출동시켜 궁궐 경비가 허술해지자 보충할 겸 서얼의 관직 진출 길을 열어 주고자 우림위를 만든 것입니다. 조선 시대에 서얼들은 차별받았는데 우림위는 그렇지 않다는 걸 보여 준 상징적 제도였습니다.

1517년
루터의 종교 개혁과 성서 독일어 번역

1513년 217대 교황으로 선출된 레오 10세는 사치스러운 성품을 지녔기에 성 베드로 대성전을 더욱 호화롭게 만들고자 했습니다. 막대한 비용이 들므로 곤란하다는 의견이 나오자, 레오 10세는 면죄부를 팔면 큰돈을 모을 수 있을 것이라며 강행했습니다.

"교황님이 보증하는 면죄부를 사면 여러분의 죄가 없어집니다."

성직자들이 이렇게 말하자, 순진한 사람들이 그 말을 믿고 앞다퉈 면죄부를 샀습니다. 독일 각지에서 면죄부가 대대적으로 팔렸고, 사람들은 돈 주고 산 면죄부를 들고 행복해했습니다.

"신(神)을 이용해 돈벌이하다니, 한심한 일이로다!"

독일의 성직자이자 대학교수인 마르틴 루터는 여기에 적극적으로 반박하며 1517년 95개 조항으로 된 반박문을 대학 교회 문에 붙였습니다. 사람들은 루터의 비판에 고개를 끄덕이며 자신들이 속았음을 뒤늦게 깨달았습니다.

이후 루터는 라틴어로 된 성서를 독일어로 번역하고는 오직 성서만을 신앙의 근거로 삼는 종교 개혁을 펴나갔습니다.

"뭐든 대량으로 인쇄할 수 있으니 편리하군!"

루터의 종교 개혁은 62년 전인 1455년 구텐베르크가 서양 최초로 발명한 활판 인쇄술 덕분에 널리 퍼지며 호응을 얻었습니다. 15세기 중엽 등장한 납속 활자가 16세기 들어 대중적인 독일어 성서 발행에 효과적으로 활용된 것입니다.

"라틴어 성경을 모욕하다니!"

교황청에서는 독일어 성서를 신성 모독으로 여겨 루터를 처벌하려 했습니다. 하지만 제후들과 시민이 루터 입장에 동조했고, 급기야

1524년 농민들이 농노제 폐지를 요구하며 들고일어났습니다.

농민 전쟁은 제후들에 의해 제압됐지만, 교황청의 권위는 크게 떨어졌습니다.

"죄인이 하나님을 믿으면 하나님으로부터 의롭다는 인정과 구원을 받게 됩니다."

루터가 위와 같이 말한 '이신칭의'는 개인의 신앙과 성서 해석의 중요성을 강조하면서 '프로테스탄트'라는 종교 분파를 낳았습니다.

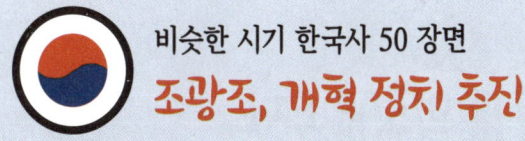

비슷한 시기 한국사 50 장면
조광조, 개혁 정치 추진

"타락한 군주는 물러나라!"

조광조가 24세 되던 해인 1506년에 중종반정이 일어나면서 연산군이 폐위되고 중종이 제11대 왕으로 즉위했습니다. '중종반정'은 성희안, 박원종 등이 연산군을 몰아내고 진성 대군을 왕으로 추대한 사건을 이르는 말입니다.

"이 나라에는 도학 정치가 필요하구나."

당시 조선 사회에는 도덕에 관한 학문인 도학(道學)을 옳다고 믿는 유학자들이 많았는데, 조광조도 그중 한 명이었습니다. 중종은 눈여겨보던 조광조를 고위 관리로 중용하여 나라를 새롭게 바꾸려 했습니다.

"서로 도우며 사는 것이 사람의 도리입니다."

1517년 조광조는 《여씨향약》을 간행하여 전국 각지의 마을 사람들이 서로 돕도록 하면서 서민의 행복을 꾀했습니다. 하지만 기득권을 가진 대신들의 반대로 인해, 논의만 계속될 뿐 시행되지 못했습니다.

26 1519년
마젤란, 세계 일주에 도전

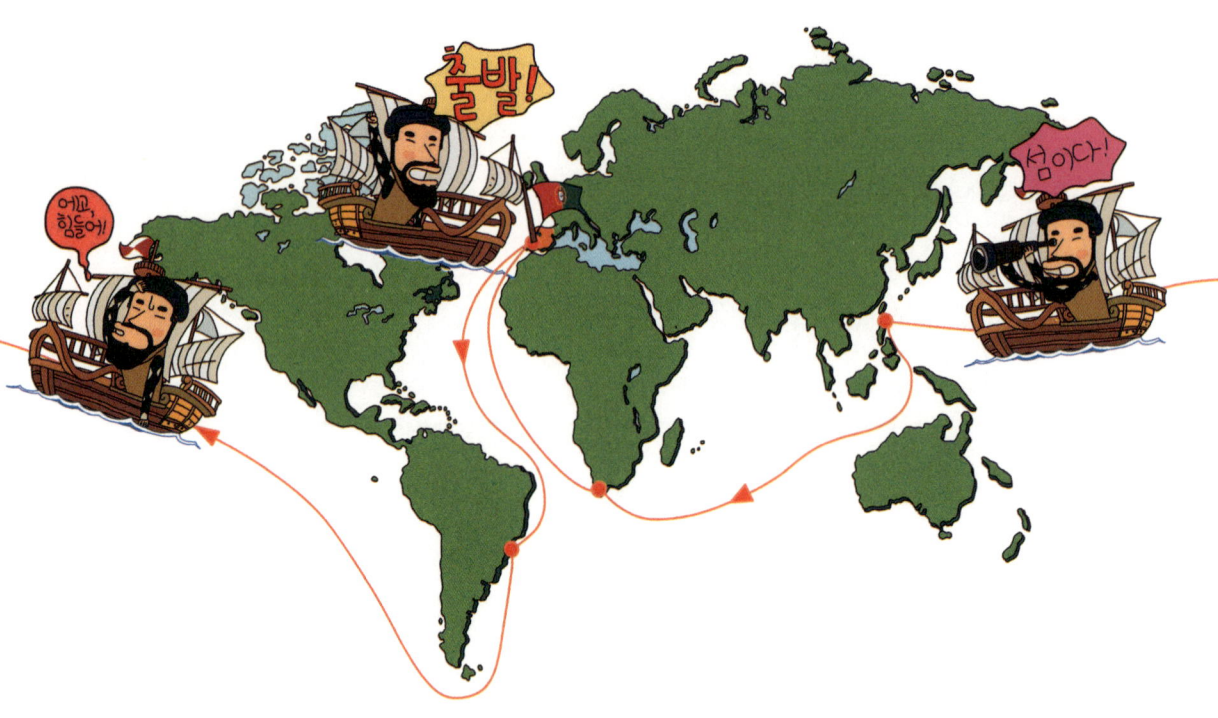

"분명히 서쪽으로도 갈 수 있는 바닷길이 있을 거야."

포르투갈 출신 탐험가 마젤란은 1504년 포르투갈에서 동쪽으로 항해해 아프리카 남단을 거쳐 필리핀에 다녀왔습니다. 하지만 항로가 너무 멀기에, 서쪽 항로 탐험을 결심했습니다.

포르투갈 왕은 마젤란의 계획을 거부했으나, 스페인 국왕은 받아들였습니다. 카를로스 1세는 당시 비싸게 거래된 향신료로 큰 수익을 내고 싶었기에 모험을 선택한 것입니다.

"반드시 향신료를 가져오겠습니다."

마젤란은 1519년 9월 20일 범선 5척에 선원 270명을 나눠 태우고 스페인 세비야를 출발했습니다. 항해 중에 태풍이 불어닥치는가 하면 선원들이 불만을 제기했지만, 마젤란은 꺾이지 않고 계속 나아갔습니다. 중간에 해협인 줄 알고 라플라타강을 잘못 들어갔다가 도로 나오기도 했습니다.

"저기 보이는 물길은 진짜 해협이려나?"

1년이 지난 1520년 11월 1일, 아메리카 남단에서 뒷날 그의 이름이 붙여진 '마젤란 해협'을 발견하여 통과했습니다. 그리하여 드넓은 바다를 발견하고는 '태평양'이라고 이름 지었습니다. 그렇지만 폭동이 일어나 배 한 척을 선원들에게 뺏겼고 한 척은 난파됐습니다. 마젤란은 남은 세 척으로 항해를 강행했습니다.

"섬이 보인다!"

4개월 뒤 오늘날의 괌을 발견했습니다. 그리고 얼마 뒤 필리핀의 세부에 도착했는데, 마젤란은 주변 섬을 탐사할 때 원주민과 싸우는 도중에 죽었습니다. 나머지 선원들은 항해를 계속해서 1522년 출발지였던 세비야로 돌아왔습니다. 무사 귀환자는 18명뿐이었지만, 이들이 가져온 향신료는 매우 값비싸게 거래됐기에 경제적으로는 여행 경비보다 많은 막대한 수익을 남겼습니다.

한편 마젤란은 항해 도중에 죽었지만, 동쪽으로 필리핀을 다녀온 적이 있기에 역사상 처음으로 세계 일주를 한 사람으로 인정됐습니다. 선원 18명은 그다음으로 세계 일주를 한 것이고요.

또한 이들의 항해로, 지구가 둥글다는 사실이 처음으로 증명되었습니다.

비슷한 시기 한국사 50 장면
중종, 현량과와 기묘사화

"사서오경에 밝은 사람을 뽑아야 합니다."

1519년 조광조는 중종에게 위와 같이 건의해 현량과(賢良科)를 시행토록 했습니다. 훈구파(세조를 도와 왕위에 오르게 한 신하)들이 과거 시험을 주관하여 사림파 선비들을 탈락시키자, 국왕이 추천받은 사람을 직접 시험 쳐서 관리로 채용하는 제도를 만든 것입니다.

"공이 없는데 공신으로 기록된 사람들을 명단에서 지워야 합니다."

현량과를 통해 진출한 사림파가 잘못을 바로잡아야 한다며 공신 76명의 '위훈 삭제'를 건의했습니다. 그러자 위기를 느낀 훈구파 대신들이 조광조에게 반역을 모의하고 있다는 누명을 씌웠고, 중종은 그걸 그대로 믿었습니다.

"조광조 일파를 처벌하라."

이로 인해 조광조를 비롯한 많은 사림파가 죽거나 귀양을 갔습니다. 기묘년에 선비들이 화를 입은 이 사건을 '기묘사화(己卯士禍)'라고 합니다. 현량과는 폐지됐고, 향약 시행 논의도 정지됐습니다.

주초위왕(走肖爲王, 조씨가 왕이 된다는 뜻)
– 훈구파 대신들은 나뭇잎에 꿀로 주초위왕을 써서 벌레가 갉아 먹게 한 뒤 왕에게 보였다.

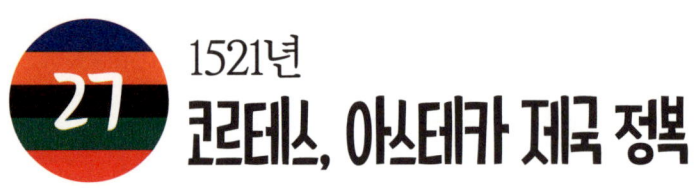

1521년
코르테스, 아스테카 제국 정복

16세기 초 중남미 대륙에는 세 문명이 있었습니다. 안데스산맥 서쪽에는 잉카, 중앙아메리카의 유카탄반도에는 마야, 멕시코 지역에는 아스테카가 독자적인 세력권을 갖고 번성했습니다. 그중 아즈텍족이 세운 아스테카 제국은 군대가 지배하는 정복 국가였습니다.

"포로들을 죽여 그 해골로 탑을 쌓아 신에게 바쳐라."

아즈텍족은 전쟁 포로를 종교 의식의 희생물로 삼는 독특한 문화가 있었고, 피정복민을 강압적으로 다스렸습니다. 아즈텍족은 수도 테노치티틀란에 거대한 피라미드형 건물을 짓고 궁전과 사원으로 삼았습니다.

"보물을 찾아 나눠 가집시다!"

그 무렵 쿠바를 점령한 스페인은 중남미 대륙 본토에 식민지를 세우고자 했습니다. 야심가 중 한 명인 에르난 코르테스는 뛰어난 연설로 병력을 모으고 원정대를 조직해서 1519년 2월 유카탄을 향해 출발했습니다. 범선 11척, 병사 508명, 선원 100명, 말 16필이 배에 탔습니다.

"돌아갈 길이 없으니 나를 따르라!"

코르테스는 해안에 도착하자마자 배들을 모조리 불태워 버리고 원주민 정복 말고는 다른 방법이 없음을 선언했습니다. 코르테스는 원주민에게 접근하는 과정에서 운 좋게 아스테카 제국의 공주를 사로잡았습니다. 코르테스는 공주를 자기 사람으로 만들어서 아스테카 정복에 활용했습니다.

"옛날에 바다를 건너온 케찰코아틀(부활의 신)이구나!"

아스테카 황제는 피부가 흰 코르테스 일행을 신(神)으로 오해해서 황금을 선물로 주었습니다. 하지만 코르테스는 그리스도교를 받아들이라고 강요하면서 아스테카 신전들을 파괴했습니다. 분노한 아즈텍족이 뒤늦게 대항했지만, 코르테스는 말과 총을 이용해 아즈텍족을 제압했습니다.

"아, 위대한 제국이 사라지는구나."

아스테카 제국은 건축물, 직조술, 천문학, 수학 등에 있어서 뛰어났지만, 불만을 가졌던 원주민 일부가 백인 편에 서고, 공주마저 코르테스에게 협조하는 바람에 순식간에 멸망했습니다.

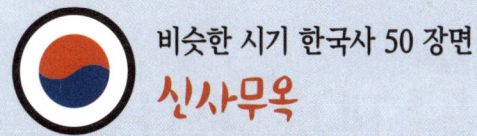

비슷한 시기 한국사 50 장면
신사무옥

"심정, 남곤 이런 자들을 없애야 나라를 바로잡을 수 있습니다."

1521년 조선에서는 심정, 남곤 등이 권력을 잡고 나랏일을 뒤흔들었습니다. 조광조 일파를 감싸줬다는 이유로 관직에서 쫓겨난 좌의정 안당의 아들 안처겸은 어머니 장례식에 찾아온 친지들과 모인 자리에서 위와 같이 말했습니다.

'옳거니, 몰래 고발해야지.'

그 자리에 있었던 송사련은 권력자에게 아부하여 출세하고자 명단이 적힌 조객록(弔客錄)을 가지고 가서 고발했습니다. 그 결과 안당의 일가 친척들이 붙잡혀 고문을 받았으며 역적으로 몰려 처형당했습니다.

"저놈들의 재산은 너의 것이다."

반면에 송사련은 나라에서 죄인들로부터 몰수한 집과 땅, 노비를 받았으며 승진까지 했습니다.

이 사건은 신사년에 일어난 억울한 옥사라 하여 '신사무옥'이라고 합니다.

안당과 안처겸은 심정, 남곤 일파가 몰락한 뒤 죄가 없었음을 뒤늦게 인정받았습니다.

28 1526년
바부르, 인도에 무굴 제국을 세우다

"진격하라!"

1526년 아프가니스탄에 근거를 둔 바부르는 1만 군사를 거느리고 인도 북부를 공격했습니다. 로디 왕조의 술탄 이브라힘은 침략군보다 10배 넘는 군대를 이끌고 나가 맞섰지만, 파니파트 전투에서 죽었습니다. 바부르 군대가 무장한 대포에 큰 타격을 입기도 했지만, 한편으로 이브라힘의 폭압적 정치에 반발한 펀자브 총독이 바부르에 협력했기 때문입니다.

"제가 해냈습니다."

14세기 말엽 중앙아시아에 제국을 건설했던 티무르의 5대 후손인 바부르는 삼격스러워하며 넬리에서 아그라로 신격한 다음, 무굴 제국을 세웠습니다. 바부르는 '사자'라는 뜻의 이름에 걸맞게 용맹한 기질을 지니고, 부하들을 설득하는 호소력도 가지고 있었습니다. 하여 아프가니스탄으로 되돌아가기를 원하는 병사들을 잘 달래어 그대로 정착시켰습니다.

"이제부터 나는 '파드샤'이노라!"

'파드샤'는 역대 무굴 왕들의 칭호입니다.

"누가 너희에게 이 땅에 살라더냐!"

무굴 제국을 받아들이지 못한 라지푸트 군대가 공격해 오자, 바부르는 적은 병력임에도 단결된 힘으로 물리쳤습니다. 이후에도 몇 차례 더 저항을 받았지만, 기병대를 활용한 신속한 전술로 승리를 거뒀습니다.

바부르는 서쪽의 야무나강, 동쪽의 벵골, 남쪽의 나르마다강에 이르는 넓은 영토를 지배하면서 무굴 제국의 시조가 됐습니다.

"종교가 다를지라도 서로 이해하는 게 좋다!"

바부르는 이슬람교와 힌두교의 융합 정책을 실시해 안정을 꾀했으며, 농사가 잘되도록 정책을 펴서 농민 생활이 나아지도록 힘썼습니다. 덕분에 분열되어 멸망한 로디 왕조와 달리 어느 정도 중앙 집권 체제를 이뤘습니다.

무굴 제국은 제3대 황제 아크바르 때 제국의 번성기를 누렸고, 제6대 황제 아우랑제브 때 인도 역사상 가장 넓은 영토를 차지했습니다.

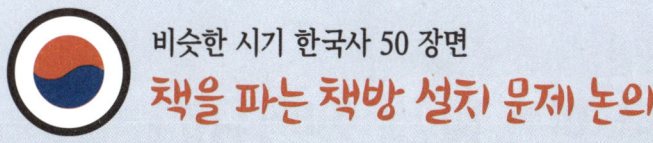

비슷한 시기 한국사 50 장면
책을 파는 책방 설치 문제 논의

"중국에 서사(書肆)가 있으니, 한양에도 서사를 설치해야 합니다. 서사를 세우면 유생들이 책을 다 읽고 나서 그 책을 팔아 다른 책을 사서 읽을 수 있게 됩니다."

중종이 나라를 다스리던 1522년, 문신 어득강이 위와 같이 주장했습니다. '서사'는 서적방사(書籍放肆)의 준말이며, 책을 사고파는 가게를 이르는 말입니다. 그때까지도 조선에는 서점(書店)이 없었습니다.

"아니 되옵니다. 종전에 없는 풍속입니다."

중종은 찬성했지만, 삼정승이 모두 반대했습니다. 사림파를 몰아내고 정권을 장악한 훈구파 대신들이 서사 설치를 반대한 이유는 지식이 확대되는 것을 원하지 않았기 때문입니다.

서점이 설치되면 많은 사람이 책을 읽을 것이고, 그리하여 많은 이가 똑똑해지면 자신들의 잘못을 비판할 가능성이 커지리라 판단했기 때문이지요.

서사 설치 문제는 1533년 6월 또다시 논의됐지만, 역시 훈구파 세력의 반대로 진행되지 못했습니다.

1532년
피사로, 잉카 제국을 멸망시키다

"우리도 오지를 탐험해 보자."

코르테스가 아스테카 왕국을 정복했다는 소식은 스페인에 있는 여러 사람들을 자극했습니다. 피사로 형제도 그중 하나였습니다. 프란시스코 피사로는 동생 곤살로 피사로와 함께 원정대를 이끌고 어딘가 있을 '황금의 나라'를 향해 1524년 대륙 남쪽으로 탐험을 떠났습니다.

"뭐야, 아무것도 없잖아."

제1차 원정은 남아메리카 북쪽에서 헤매다 아무 소득 없이 끝났습니다. 하지만 피사로 형제는 포기하지 않고 다음 기회를 노렸습니다.

그 무렵 잉카인들은 페루를 중심으로 콜롬비아에 이르기까지 남아메리카 서쪽에서 광활한 제국을 이루었습니다. 잉카인은 돌을 다루는 기술이 뛰어나 지그재그로 이뤄진 튼튼한 벽을 쌓았고, 금과 은을 잘 다뤄 뛰어난 공예품을 과시했습니다. 그뿐만 아니라 도로와 수로를 잘 정비해 안정된 체제를 유지했습니다. 피사로 일행이 들이닥칠 줄은 꿈에도 생각지 못한 채 말이죠.

"드디어 때가 됐다!"

프란시스코 피사로는 1526년 새로 부임한 파나마 총독의 허가를 받고 2차 원정에 나섰습니다. 이때도 초반에는 고생했지만 1528년 마침내 페루 북서쪽에서 우호적인 부족을 만났습니다. 백인을 신처럼 생각한 원주민 몇 명이 피사로의 통역이 되어 주며 길을 함께했습니다.

"스페인 국왕의 사절로 왔습니다."

1531년 11월 16일, 피사로는 무기를 숨긴 채 아타우알파 황제를 만났습니다. 그러고는 무기도 없는 황제 근위병들을 기습 공격해 죽이고 황제를 사로잡았습니다. 황제는 방 하나를 황금으로 채워 줄 테니 살려달라고 애원했습니다. 피사로는 황금을 받은 뒤, 약속을 어기고 황제를 죽였습니다.

"우리가 속았다!"

잉카인은 저항했지만, 처음 보는 빠른 말과 천둥 같은 총소리에 놀라 달아났습니다. 결국 잉카 제국은 1532년 사실상 멸망했고, 피사로는 꼭두각시 황제를 내세워 제국을 통치했습니다.

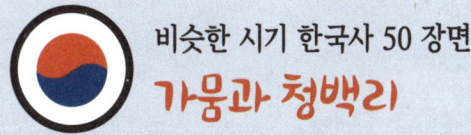

비슷한 시기 한국사 50 장면
가뭄과 청백리

"가뭄이 들어 식량이 부족해졌습니다."

1531년(조선 중종 26년) 한반도에 극심한 가뭄이 들어 농사로 얻는 수확물이 크게 줄어들었습니다. 이에 따라 가난한 사람들은 나무뿌리나 열매로 겨우겨우 목숨을 이어가는 형편이 됐습니다. 당시 정부에서 호구 조사한 결과 인구는 396만 명이 조금 넘었습니다. 조정에서는 급히 여러 해결책을 시행했습니다.

"청백리에게 상을 주고 그 자손을 등용하라."

1532년 1월 재물을 욕심내지 않는 관리에게 상을 내리면서 아울러 재물을 아껴야 함을 강조했습니다. 조선 중엽까지 청백리 제도가 정착되지 못했음을 고려하면 대단히 상징적인 일이었지요.

이해 2월에는 사치스럽게 생활하는 부유한 상인을 처벌해서 부자라도 낭비하지 말아야 함을 알렸습니다. 그래도 상황이 나아지지 않자 10월에는 관리들의 녹봉(월급)을 줄여 그걸 굶주린 이들을 구제하는 데 보탰습니다.

1543년
30 코페르니쿠스, 지동설 주창

"지구는 스스로 돌면서 동시에 태양의 둘레를 돕니다."

폴란드 성직자 코페르니쿠스는 수십 년 동안 밤하늘을 관찰한 자료를 바탕으로 1543년 《천체의 회전에 관하여》를 출간해 위와 같이 주장했습니다.

그때까지 사람들은 태양이 지구의 둘레를 회전한다고 생각했으므로, 코페르니쿠스의 지동설(地動說)은 믿기 어려운 학설이었습니다.

"말도 안 돼! 날마다 태양이 동쪽에서 서쪽으로 돌고 있잖아."

일반 사람들도 그렇지만 누구보다도 교황청이 지동설을 받아들이지 않았습니다. 지구가 세상의 중심이라는 천동설을 강조해 왔기 때문입니다. 교회는 코페르니쿠스를 처벌하려고 했지만, 책이 출판된 직후 70세 나이로 죽었기에 그럴 수 없었습니다.

"코페르니쿠스 말이 맞는 거 같아."

일부 과학자들이 지동설을 확인하고자 다양하게 연구했고 과학적으로 옳다는 사실을 확인했습니다. 그렇지만 코페르니쿠스의 지동설은 느린 속도로 퍼졌습니다.

"자연은 무한한 우주입니다."

이탈리아 철학자 조르다노 브루노는 코페르니쿠스의 지동설을 바탕으로 '자연이 곧 신(神)이고 신(神)이 곧 자연'이라고 사람들에게 설파하다가, 교회로부터 이단으로 몰려 1600년 화형을 당했습니다. 브루노는 불에 타 죽는 순간까지 자신의 주장을 굽히지 않았습니다.

"망원경으로 관찰하니 지동설이 맞습니다."

이탈리아 과학자 갈릴레오 갈릴레이도 1601년 지동설 증거를 발표했고, 1632년에는 지동설을 설명한 《두 개의 우주 체계에 관한 대화》를 출간했습니다. 지동설을 계속 탄압하던 교황청은 1633년 갈릴레이에게 마지막으로 통보했습니다.

"화형을 받든지, 지동설을 버리든지 선택하라!"

갈릴레이는 로마의 이단 심문소에서 지동설을 번복했지만, 돌아 나오면서 "그래도 지구는 돈다."라고 중얼거린 것으로 유명합니다.

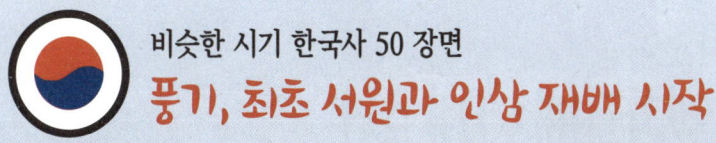

비슷한 시기 한국사 50 장면
풍기, 최초 서원과 인삼 재배 시작

"안향은 우리나라에서 처음으로 주자학을 연구한 분입니다."

1543년 풍기 군수 주세붕은 사림 자제들의 교육 기관으로 백운동 서원을 세우고 안향의 위패(이름을 적은 나무패)를 모셨습니다. 이로써 우리나라에 최초의 서원(書院)이 등장했습니다.

백운동 서원은 초창기엔 사림의 호응을 얻지 못했습니다. 그렇지만 1550년 퇴계 이황이 국왕에게 건의하여 '소수 서원(紹修書院)'이란 명칭이 내려진 이후 향촌 선비들이 모여 학문과 정치를 논의하는 기구가 됐습니다.

"인삼을 심어 키우면 경제적으로 도움이 될 겁니다."

한편 주세붕은 풍기 지역에 인삼 재배를 장려하여 농민들의 생활을 나아지게 하려 애썼습니다. 이때부터 풍기에서 인삼 재배가 성행했고 전국적으로 유명해졌습니다. 또한 풍기에서는 닭을 삶을 때 인삼을 넣은 '계삼탕'을 만들어 먹었는데, 인삼을 강조한 '삼계탕'으로 이름이 바뀌어 전국적으로 퍼졌습니다.

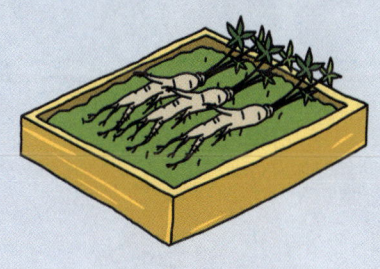

31 1558년
엘리자베스 1세 즉위

"저를 많이 도와주세요."

1558년 25세 나이에 잉글랜드 왕위에 오른 엘리자베스 1세는 믿을 만한 사람들에게 중요한 직책을 맡기면서 위와 같이 말했습니다.

어머니 앤 불린이 억울하게 죽은 뒤, 엘리자베스는 어린 시절 차별

을 받으며 자랐고 여러 차례 죽을 고비를 겪었습니다. 하지만 여왕이 되자 개인적 원한보다 나라를 바로 이끌 생각에 누가 어떤 일을 잘할지부터 살폈습니다.

"추밀원 규모를 줄이겠노라!"

여왕은 즉위하자마자 포고문을 발표해서 신속하게 나라를 개혁했습니다. 추밀원은 국왕에게 전문적 지식을 제공하는 기구인데, 여왕은 왕권을 위협할 만한 일부 가톨릭교도를 제거하는 한편 유능한 사람들로 구성했습니다.

"영국 국왕은 국교회의 최고 성직자를 겸한다."

여왕은 같은 해에 영국 국왕을 국교회의 수장(우두머리)으로 선언하는 수장령을 부활시켰습니다. 전임 여왕 메리 1세가 헨리 8세 때인 1534년 제정된 수장령을 없애고 가톨릭 우선 정책을 펼쳤었는데, 엘리자베스가 다시 선언한 것입니다. '국교회'는 국왕을 교회의 우두머리로 하는 신교 제도를 이르는 말입니다. 여왕은 가톨릭을 억압하고 영국 국교회를 확립해 종교적인 통일을 꾀했습니다.

"국가를 위해 봉사해 주오."

한편 여왕은 영국 국력이 스페인보다 약한 상태에서 유명한 영국 해적 드레이크를 은밀히 지원해 주며 스페인 해군을 견제하게 만들었습니다.

여왕으로부터 스페인 해군 공격에 대한 전권을 받은 드레이크는 1586년 수천 톤에 달하는 스페인 보급품을 파괴하는 전과를 올렸습니다. 그리고 1588년 영국 해협에 등장한 스페인 무적함대를 격파한 일등 공신도 드레이크였습니다. 때마침 폭풍이 불어와 무적함대는 뿔뿔이 흩어지고 대부분 난파됐습니다. 이후 영국은 유럽에서의 주도권을 잡으며 대영제국의 기초를 다졌습니다.

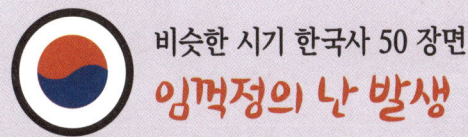

비슷한 시기 한국사 50 장면
임꺽정의 난 발생

"굶어 죽을 바에야 싸우다 죽읍시다!"

16세기 중엽 조선은 정치가 혼란스럽고 관리들이 부패해서 백성들이 고통을 받았습니다. 1559년(명종 14년), 양주 백정의 아들 임꺽정은 분노하여 관청 도적질을 결심했습니다. 임꺽정은 힘에 관한 한 천하무적이어서 따르는 무리가 생겼습니다. 관리들이 일하는 관청 곳간에는 양곡이 많았는데, 임꺽정 무리는 그걸 훔쳐서 가난한 사람들에게 나눠 줬습니다.

"나도 함께하고 싶습니다."

임꺽정이 의로운 도둑이라는 소문이 나면서 가담하는 사람들이 늘었고, 세력이 커져 황해도는 물론 경기도와 평안도까지 활동 영역이 넓어졌습니다. 깜짝 놀란 정부는 관군을 동원해 도적들을 빨리 잡으려 했지만, 임꺽정 무리는 작전을 잘 짜서 관군을 물리쳤습니다.

임꺽정 무리는 1560년 한양에까지 진출하며 정부를 위협했습니다. 농민들의 도움까지 받으며 곳곳의 관청과 탐욕 많은 부잣집을 턴 임꺽정은 3년 동안 활약하다가 1562년 관군과 전투 중에 다치고 붙잡혀 처형됐습니다.

32 1590년
도요토미, 일본 통일

'오다 노부나가, 도요토미 히데요시, 도쿠가와 이에야스.'

이들은 일본에서 중세 일본의 세 영웅으로 불리는데, 저마다 성격이 다르고 역사적 역할도 다릅니다.

오다 노부나가는 16세기 중엽 일본 국토의 절반 정도를 장악한 뒤 통행세를 폐지하고 불교 사찰의 토지를 빼앗아 사무라이에게 나눠 줬습니다. 새로운 경제 정책을 펴면서 전국 통일에 다가섰던 노부나가는 1582년 불만을 품은 가신이 일으킨 반란으로 죽었습니다.

"주군이 돌아가셨다고?"

노부나가를 섬기던 도요토미 히데요시는 소식을 듣고 복수하고자 전투를 중단하고 군대를 돌렸습니다. 히데요시는 반란의 주역을 제압했으며, 다른 다이묘(봉건 영주)들도 차례로 물리쳤습니다.

"웅장한 성곽을 쌓도록 하라!"

1583년 히데요시는 근거지로 삼은 오사카에 난공불락 요새를 겸한 성을 몇 년에 걸쳐 짓게 했습니다. 1586년에는 오랜 숙적 도쿠가와 이에야스로부터 충성 맹세를 받았으며, 1590년 마침내 일본 전역을 통일

했습니다. 이로써 100여 년에 걸친 일본의 전국 시대가 막을 내렸습니다.

"다이묘들은 성을 허물고, 무사들은 무기를 반납하라!"

히데요시는 다이묘들이 반란을 일으키지 못하도록 조치하면서, 토지를 조사해 세금을 물게 했습니다. 덕분에 히데요시를 정점으로 한 위계질서가 확립됐지만, 졸지에 실업자가 된 무사들은 불만을 품었습니다.

"조선과 중국을 점령하면 땅을 나눠 주겠노라!"

히데요시는 무사들의 불만을 달래기 위해 조선 침략을 결정했습니다. 그러고는 1592년 임진왜란을 일으켰습니다. 하지만 히데요시의 조선 침공은 실패했고, 1598년에 병들어 죽었습니다.

이후 도쿠가와 이에야스가 후계권 싸움 끝에 통치권을 확보했고, 1603년에 에도 막부를 세웠습니다. 뒷날 사람들은 다음과 같이 말했습니다.

"오다가 쌀을 찧어 도요토미가 반죽한 떡을 도쿠가와가 먹었다."

비슷한 시기 한국사 50 장면
임진왜란 일어나다

"일본이 조선을 침략할 터이니 10만 군사를 두어 대비해야 합니다."

히데요시가 오사카성을 짓기 시작하던 1583년 율곡 이이는 조선 정부에 10만 양병설을 제안했습니다. 하지만 뜻 맞는 사람끼리 붕당(朋黨)을 이뤄 세력을 다투던 정치 상황에서 율곡의 말은 아무 소용이 없었습니다.

"아무래도 일본에 사신을 보내 사정을 살펴봐야겠습니다."

일본이 통일되기 직전인 1591년, 조선 정부는 통신사 두 명을 보냈습니다. 그런데 서인 황윤길은 일본이 침략할 것 같다고 말했고, 동인 김성일은 그 반대로 보고했습니다. 조정은 아무 일 없을 것이라는 보고를 더 믿었습니다.

그 결과는 참혹했습니다. 1592년(선조 25년), 일본군이 부산에 기습적으로 상륙한 뒤 조선 땅을 짓밟았으니까요. 20일 만에 한양성이 무너지고, 국왕 선조는 북쪽 의주로 피신했습니다.

다행히 이순신 장군이 이끄는 수군이 바다를 굳건히 지키고, 나라 곳곳에서 의병들이 일어나 왜군에 맞섰습니다.

이후 명나라가 지원군을 보내 줬지만 7년 동안 많은 조선인이 죽거나 다쳤고, 소중한 건물들은 불에 타서 잿더미가 됐으며, 국토는 쑥대밭이 됐습니다.

1600년
영국, 동인도 회사 설립

"우리는 영국인이다!"

영국은 스페인 무적함대를 격파한 뒤 국민의 일체감이 강해졌습니다. 엘리자베스 여왕은 '잉글랜드 왕국과 결혼했다'라는 말로 사람들의 존경심을 끌어냈고, 오로지 외교적인 목적을 위해서만 이웃 나라 국왕이나 권력자에게 결혼 가능성을 살짝 내비쳤습니다.

"잉글랜드의 처녀 여왕이라고 명명합시다."

16세기 말엽 아메리카 대륙 북동부 지역에 잉글랜드가 건설한 식민지 이름 중 하나는 'Virgin Queen Of England(버진 퀸 오브 잉글랜드)'라고 불렸습니다. 이 명칭은 줄여서 버지니아(Virginia)가 됐는데, 이는 식민지 개척단들이 엘리자베스 1세를 기념하기 위한 지명입니다. 여기에는 독신인 여왕의 별명을 이용해 새로운 식민지 개척자를 모으려는 의도도 숨어 있었습니다.

"셰익스피어 연극이 무척 재밌군."

여왕이 이끌며 나라가 안정되자 영국은 문학과 예술의 꽃이 활짝 피었습니다. 셰익스피어가 당시의 대표적인 작가이며《햄릿》,《리어

왕》,《맥베스》,《오셀로》,《베니스의 상인》,《한여름 밤의 꿈》 등의 명작을 연이어 발표해 큰 인기를 끌었습니다.

"전문적으로 식민지를 운영할 회사가 필요합니다."

1600년 여왕은 인도로 가는 항해를 위한 자금을 모으기 위해 동인도 회사 설립을 허가해 줬습니다. '동인도 회사'는 서유럽 국가들이 인도와 동남아시아와의 무역을 위해 세운 회사인데, 실제로는 식민지 경영 활동을 했습니다. 영국이 동인도 회사를 세우자 네덜란드도 1602년에 설립했고, 프랑스도 1604년에 다투어 설립했습니다.

동인도 회사는 서유럽 국가에 엄청난 이익을 안겨 줬지만, 식민지 국가 입장에서는 크나큰 피해를 준 악마 같은 존재였습니다. 말만 무역이지 많은 재물을 값싸게 빼앗겼으니까요. 어쨌든 영국은 동인도 회사를 통해 대영제국 번성이라는 혜택을 누렸습니다.

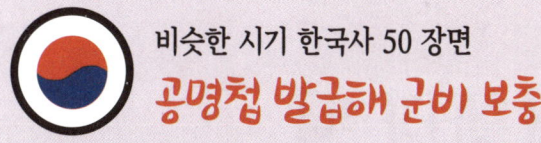

비슷한 시기 한국사 50 장면
공명첩 발급해 군비 보충

"우리도 총을 만듭시다!"

임진왜란 때 일본군의 조총에 놀란 조선 정부는 전쟁이 끝난 1599년 비로소 총기에 관심을 보였습니다. 전란으로 인해 나랏돈이 부족하자, 사찰에 있는 범종과 구리들을 모아 화포, 화통 등의 총기를 만들었습니다. 그래도 군사적 경비는 여전히 부족했고, 다른 데 써야 할 돈도 필요했습니다. 흉년에 굶주리는 농민도 구해 줘야 했습니다.

"공명첩(空名帖)을 팝시다."

1600년 정부는 기상천외한 정책을 시행했습니다. 이름을 적지 않은 백지 임명장인 '공명첩'을 돈 받고 준 것입니다. 관직이 적힌 공명첩을 구매한 사람은 빈칸에 자기 이름을 적으면 그 벼슬을 가진 사람으로 인정됐습니다.

처음에는 임진왜란 때 전공을 세우거나 세금을 많이 낸 사람에게 공명첩을 판매했지만, 나중에는 돈을 내는 모든 사람에게 팔았습니다. 이로 인해 병역을 기피하거나 천민 신분을 벗어나는 사람도 생겼습니다. 공명첩은 엉망인 나라를 보여 주는 안타까운 상징입니다.

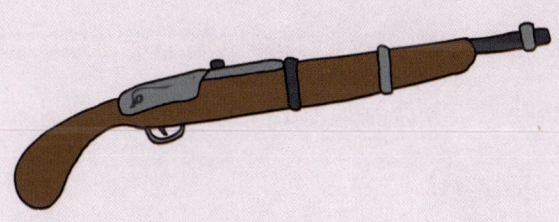

1636년
34 후금에 이어 청나라 건국

17세기 초 명나라는 안팎으로 위기에 빠졌습니다. 흉년이 들어 백성들은 배고픔에 힘들어하는데 관리들은 파벌 싸움에 몰두하면서 자기 재산을 불리느라 바빴습니다.

백성이 낸 세금이 중간에서 많이 사라지는 바람에 명나라 정부는 돈이 부족한 상태가 됐습니다. 이 무렵 동북쪽에서 세력을 키운 여진족 추장 누르하치가 1616년 후금(後金)을 세우고는 명나라를 침공했습니다.

"하루빨리 조선군을 보내 주시오."

명나라는 조선에 원병을 요구했습니다. 광해군은 출병을 꺼렸지만, 임진왜란 때 도움받은 바 있기에, 도원수 강홍립에게 군사 1만을 내주어 명나라로 보냈습니다.

1619년 사르후 전투에서 누르하치는 팔기(八旗)를 활용한 전술로 명나라와 조선 연합군을 격파했습니다. '팔기'는 여덟 가지 색깔로 역할을 구분해 편성한 군사 체제입니다.

"너희는 왜 끼어들었느냐?"

　누르하치가 호통치자, 항복한 강홍립은 조선의 사정을 설명했습니다. 당시 광해군은 약해진 명나라와 강해진 후금 사이에서 중립 외교를 펼쳤는데, 강홍립에게 정세를 살펴 행동하라는 밀명을 내린 바 있었습니다. 하여 명군이 패배하자 강홍립은 후금에 투항하여 중립임을 밝혔습니다.

　"명나라는 껍데기뿐이니, 돌격하라!"

　1626년 누르하치는 20만 대군을 거느리고 명나라로 가는 길목에 있는 영원성으로 진격했습니다. 하지만 명나라 명장 원숭환은 홍이포(네덜란드식 대포)를 설치하는 한편 성 밖의 모든 것을 태우는 전략으로 맞섰습니다. 누르하치는 날아온 대포 탄환에 상처를 입자 철수했고, 가을에 후유증으로 죽었습니다.

"불을 상징하는 명(明)은 물을 만나면 꺼집니다."

여러 형제를 죽이고 아버지의 왕좌를 차지한 홍타이지는 1636년 후금으로 항복해 온 한족 관료의 충고를 받아들여 물을 상징하는 청(淸)으로 국호를 바꿨습니다. 이후 홍타이지는 내몽골과 조선을 먼저 굴복시키는 전략으로 명나라를 압박했습니다.

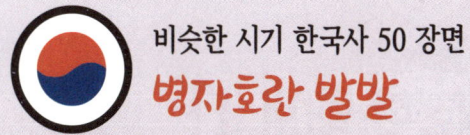

비슷한 시기 한국사 50 장면

병자호란 발발

"조선을 먼저 쳐야겠도다!"

누르하치의 뒤를 이은 홍타이지는 후금에서 청(淸)으로 국호를 바꾼 뒤 1636년(인조 14년), 12월 조선을 침공했습니다. '병자호란(丙子胡亂)'이 일어난 것입니다. 청나라는 명나라를 공격하기 전에 조선을 제압해야 후방을 신경 쓰지 않아도 된다고 판단했기 때문입니다.

"청나라는 오랑캐이니, 명나라를 섬겨야 합니다."

당시 조선은 제16대 왕 인조(仁祖)가 통치하고 있었습니다. 1623년 서인 세력이 반정을 일으켜 줄타기 외교를 한 광해군을 폐위시킨 덕분에 왕위에 오른 인조는 사대부들의 눈치를 봤습니다. 유교(儒敎)를 중시한 사대부는 청나라를 무시하고 명나라와의 우호적 관계만 추구했습니다.

분노한 홍타이지는 조선에 쳐들어왔고, 군사력에서 밀린 조선은 속수무책으로 당했습니다. 인조는 강화도로 도망쳤지만 결국 성 밖으로 나와 삼전도에서 홍타이지에게 머리를 조아리는 굴욕을 맛봤습니다. 이후 조선과 청은 군신(君臣) 관계를 맺었습니다.

1688년
35 영국에서 명예혁명 일어나다

"신앙에는 자유가 있노라!"

영국 국왕 제임스 2세는 1687년과 1688년 두 차례에 걸쳐 '신앙 자유령'을 발표했습니다. 모든 신앙의 자유를 말한 것 같지만 사실은 가톨릭을 위한 정책이었습니다. 가톨릭교도인 제임스 2세는 영국 성공회를 싫어했기에 가톨릭 우선 정책을 강력하게 펼쳤습니다.

"국왕의 아들이 태어났다고? 큰일이네."

1688년 6월 왕비가 아들을 낳았다는 소식이 전해지자, 국교를 믿는 사람들은 불안감을 느꼈습니다. '국교 탄압' 정책이 대를 이어 계속됨을 의미했기 때문이지요. 당시 의회를 양분한 토리당과 휘그당의 지도자들은 몰래 대책을 논의해 왕을 쫓아내기로 했습니다. '휘그당'은 애초부터 가톨릭을 믿는 왕이 못마땅해했고, '토리당'은 왕권을 중히 여기지만 국교를 믿었기에 제임스 2세의 종교 정책에 반대했습니다.

"군대를 이끌고 와서 이 나라의 문제를 바로잡아 주십시오."

영국 의회는 네덜란드 총독 윌리엄에게 위와 같은 편지를 보내 군사 지원을 요청했습니다. 윌리엄의 아내이자 제임스 2세의 큰딸인 메리는 이전까지 왕위 계승 서열 1위였다가 밀려났기에 남편과 뜻을 같이했습니다.

"폭군으로부터 구원하겠습니다."

윌리엄과 메리는 위와 같은 선언서를 영국에 살포하고 1688년 가을에 출동했습니다. 전세가 불리해지자 제임스 2세는 프랑스로 도망갔습니다.

1689년 윌리엄 2세와 메리 2세는 공동 군주로 즉위했으며, 두 사람은 의회가 제출한 권리 장전(權利章典)을 법령으로 발표해 줬습니다.

'국왕은 모든 분야에 걸쳐 의회로부터 승인을 받는다.'

이런 내용이 담긴 '권리 장전'은 의회가 왕권보다 우위에 있음을 상징하는 문서입니다. 이로써 영국에서는 절대 왕정이 사라지고 입헌 군주제가 확립됐습니다. 이와 함께 1688년 일어난 시민 혁명이 피를 흘리지 않고 성공했다 하여 '명예혁명'이라 명명했습니다.

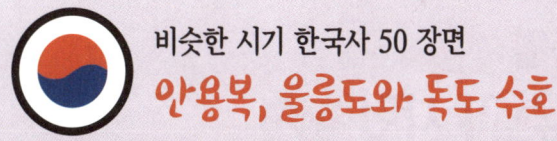

비슷한 시기 한국사 50 장면
안용복, 울릉도와 독도 수호

"어디서 물고기를 함부로 잡느냐!"

1693년(숙종 19년), 어부 안용복은 울릉도에 일본 어민이 침입하자 호통치며 막았습니다. 안용복은 동래수군에서 복무할 때 왜관에 드나들며 일본 말을 익힌 바 있었습니다. 하지만 수적 열세에 밀린 안용복은 오히려 일본 어부들에게 붙잡혀 일본으로 끌려갔습니다.

"울릉도와 독도는 우리의 섬이니, 침범하지 마시오."

안용복은 일본에서도 당당하게 말했고, 일본을 다스리던 에도 막부로부터 '울릉도는 조선 땅'이란 문서를 받아냈습니다. 안용복은 귀국 도중 나가사키에서 대마도 번주에게 그 문서를 뺏겼습니다.

"썩 물러가거라!"

1696년 안용복은 울릉도에서 또 고기잡이하는 일본 어부들을 발견하고 크게 꾸짖었습니다. 나아가 '울릉우산양도감세관'이라 자칭하고 하쿠슈 태수로부터 영토 침입에 대한 사과를 받고 귀국했습니다. 1697년 대마도 번주가 울릉도가 조선 땅임을 확인하는 서신을 보내오면서 분쟁이 일단락됐습니다.

36 18세기 중엽
인클로저 운동과 산업 혁명

"이익이 무척 많이 남아 기분 좋다!"

18세기 영국은 삼각 무역으로 많은 돈을 벌었습니다. 먼저 아프리카에 면직물과 일상용품을 가져가서 흑인 노예와 교환한 다음, 그 흑인 노예를 아메리카에 데려가서 팝니다. 여기서 번 돈으로 중앙아메리카 동쪽 바다에 있는 서인도 제도에서 설탕과 담배를 사고, 아메리카에서는 목화를 대량으로 사서 영국으로 가져왔습니다. 지도에서 영국 – 아프리카 서부 – 아메리카 동부를 연결하면 삼각형이므로 '삼각 무역'이라고 합니다.

"영국과 유럽에 설탕과 담배를 팔면 큰 차익이 생기지."

목화는 면직물을 만드는 재료이기에, 그러한 과정은 계속 되풀이됐습니다.

18세기 중엽 영국에서는 한편으로 인클로저 운동이 일어났습니다. '인클로저'는 '울타리 두르기'란 뜻이며, 봉건 영주가 넓은 공유지에 경계를 표시해 사유지로 만드는 일을 이르는 말입니다. 농사보다 양털을 파는 일이 훨씬 이익이 컸기에, 영주나 대지주는 농민들을 쫓아내고, 그 땅에 울타리를 친 뒤 양을 길렀습니다.

"우리는 어떻게 살란 말인가요?"

이로 인해 많은 농민이 땅을 잃고, 어쩔 수 없이 다른 일자리를 찾았습니다. 당시 도시에는 양털로 만드는 모직물과 목화로 만드는 면직물 공장이 많았습니다. 도시로 온 농민들은 하층 노동자로 일하는 처지가 됐습니다. 값싼 노동력으로 공장에서 만든 모직물과 면직물은 유럽 대륙에 널리 팔리며 대영제국의 번영을 가져왔습니다.

"더 빨리 만들 방법을 찾아봐!"

주문이 밀리자 대량 생산을 위한 기계들이 발명됐습니다. 원료 덩어리에서 뽑아낸 섬유를 꼬아 실로 빼내는 방직기는 그 대표적인 기계입니다. 1775년에는 제임스 와트가 뉴커먼의 증기 기관을 혁신적으로 개량한 증기 기관을 널리 보급했습니다.

와트의 증기 기관은 다양한 곳에서 활용되며, 본격적인 공장 산업의 시대를 활짝 열었습니다. 이와 함께 산업 혁명이 가장 먼저 일어난 영국은 근대 자본주의 국가가 됐습니다.

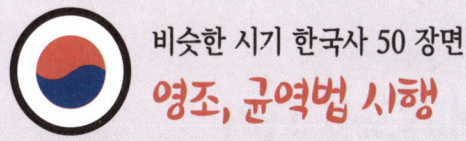

비슷한 시기 한국사 50 장면
영조, 균역법 시행

"군포를 1필로 줄일 것이니, 경들은 줄어든 액수를 채울 대책을 세우라."

1750년(영조 26년), 조선 제21대 왕 영조는 위와 같이 말하며 균역법(均役法)을 시행했습니다. 均(고를 균) 役(부릴 역) 法(법률 법) 문자 그대로 '고르게 부리는 법'이며, 백성들의 군포 부담을 줄이기 위한 납세 제도였습니다. '군포'는 병역 의무자가 군 복무를 하지 않는 대가로 국가에 내는 옷감(삼베나 무명)을 이르는 말입니다.

"옷감 두 필은 너무 비싸."

당시 16세 이상 평민 남자는 해마다 1인당 두 필을 내야 했는데, 대부분 농민인 평민들은 힘든 농사일을 하면서 베를 짜서 바치는 게 쉽지 않았습니다. 영조는 그런 고충을 파악해서 농민의 세금을 절반으로 줄여 준 것입니다. 부족한 액수는 어업세, 소금세, 선박세, 결작(논밭 세금) 따위를 신설해서 메꿨습니다.

결과적으로 균역법은 농민 부담을 약간 줄여 줬을 뿐이지만, 과세 대상이 사람에서 재산으로 점차 변하는 계기를 마련한 데 그 의미가 있습니다.

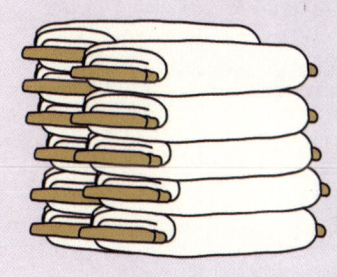

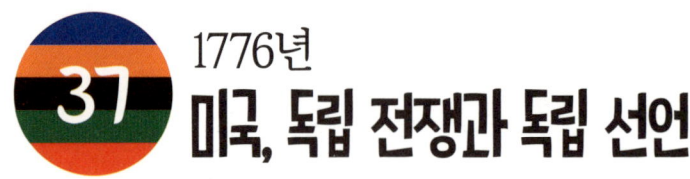

37 1776년
미국, 독립 전쟁과 독립 선언

"탕탕탕!"

18세기 중엽, 유럽을 비롯해 세계 곳곳은 온통 전쟁터였습니다. 1756년 오스트리아와 프로이센이 시작한 전쟁에 여러 나라가 양편으로 나뉘어 참전했기 때문이지요. 프로이센과 손잡은 영국은 오스트리아 편을 든 프랑스와 식민지에서 싸웠습니다. 1763년 전쟁은 유럽에서 프로이센이 승리했고, 동맹국 영국은 북아메리카와 인도에서 프랑스 세력을 몰아내는데 성공했습니다.

"우리는 위대한 대영제국이다!"

많은 땅을 빼앗은 영국은 환호성을 지르며 기뻐했습니다. 하지만 걱정이 생겼습니다. 7년 동안 전쟁을 치르느라 국가 재정이 바닥났기 때문입니다. 영국은 북아메리카 동쪽에 건설한 13개 식민지에 세금을 부과하는 방법으로 해결하려 했습니다.

"모든 인쇄물에 인지를 붙여라!"

1765년 영국 정부는 '인지 조례'를 발표해 신문, 달력 등에 정부 발행 인지를 붙이게끔 했습니다. 이 법률은 식민지인의 반발을 샀습니다.

식민지 대표를 참석시키지 않은 채 마음대로 세금을 내라고 하자, '대표 없는 곳에 과세 없다'라며 영국 제품을 사지 않았습니다. 이듬해 영국은 인지 조례를 철회했지만, 얼마 뒤 차(茶)에 세금을 매겼습니다.

"차를 던져 버려라!"

1773년 영국의 '차 조례'에 반대하는 보스턴 사람들이 항구에 있던 선박을 습격해 차 상자를 바닷속에 던졌습니다. '보스턴 차 사건'이 일

어나자, 영국은 자치권을 박탈하고 군대를 보냈습니다.

"부당한 영국 정부에 맞서 싸웁시다!"

1775년 식민지 사람들은 조지 워싱턴을 총사령관으로 추대하며 맞섰습니다. '미국 독립 전쟁'이 진행되는 가운데 1776년 7월 4일 13개 주 식민지 대표들이 필라델피아에 모여 독립 선언서를 발표했습니다. 이리하여 미국(아메리카 합중국)이 탄생했고, 1783년에는 영국과의 독립 전쟁에서 승리함으로써 진짜 독립국이 됐습니다.

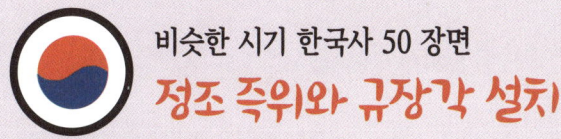

비슷한 시기 한국사 50 장면
정조 즉위와 규장각 설치

"과인은 사도 세자의 아들이니라!"

1776년 조선 22대 왕이 된 정조(正祖)가 처음으로 한 말입니다. 사도 세자는 어려서부터 영특했지만, 그의 똑똑함을 싫어한 신하들과 정순 왕후(영조의 계비)의 모함을 받고 정신 질환에 시달리다가 불행한 죽음을 맞이했습니다. 아버지 영조의 명으로 뒤주 속에 갇혀 굶어 죽었습니다.

"붕당 정치가 나라를 망치는구나."

어린 나이에 아버지의 충격적인 죽음을 목격한 정조는 왕이 된 뒤 두 가지 사명감을 생각하며 나랏일을 처리했습니다. 공적으로는 붕당 정치를 끝내야 하고, 사적으로는 아버지 원한을 풀어드려야 한다는 감정이 그것입니다.

정조는 즉위한 해에 규장각(奎章閣)부터 설치했습니다. 세종 때의 집현전을 참조하여 왕권을 강화하려는 조치였습니다. 실제로 규장각은 표면상 역대 국왕의 글과 서적을 연구하는 기관이었지만, 규장각 관리들은 왕의 친위대로서 큰 역할을 했습니다.

1789년 프랑스 혁명

"우리만 많은 세금을 내니 불공평해!"

미국이 영국으로부터 독립할 무렵, 프랑스의 사회 분위기는 무척 나빴습니다. 앙숙 관계에 있는 영국의 반대편, 미국의 독립 전쟁을 돕느라 국가 재정이 바닥난 데다, 지배 계급만 편하게 사는 불공평한 세상에 대한 국민의 불만이 커져 있었습니다.

"귀족과 성직자에게도 세금을 거둬야 합니다."

국왕의 허락을 받은 재무 장관은 특권층으로부터도 세금을 거두려 했습니다. 하지만 귀족과 성직자들이 반발했습니다. 해결 방법을 찾고자 1789년 베르사유 궁전에서 삼부회를 열었습니다. '삼부회'는 귀족, 성직자, 평민 대표자로 구성된 신분제 의회입니다.

"표결 방법부터 정합시다!"

귀족과 성직자 대표는 신분별 표결을 원했고, 평민 대표는 머릿수에 따른 다수결 투표를 희망했습니다. 45일이나 옥신각신하다가 평민들은 국민 의회를 조직하고 헌법도 만들기로 했습니다.

"무력으로 의회를 해산하라!"

국왕 루이 16세는 평민들을 못마땅하게 생각하여 군대를 소집했습니다. 그러자 파리 시민들은 7월 14일 무기 창고가 있는 바스티유 감옥으로 몰려가서 건물을 부순 뒤 죄수들을 풀어 주었습니다. 당시 감옥에는 국왕에게 반대하는 사람들이 많이 갇혀 있었거든요.

다음 날부터 시민군은 파랑, 빨강, 하양 세 가지 색깔로 삼색기를 흔들며 자유, 평등, 박애를 강조했습니다.

루이 16세는 평민들의 뜻을 받아들였습니다. 그렇지만 국민 의회가 '인간은 자유롭고 평등하다'는 내용의 <인권 선언>을 채택하자, 루이 16세는 승인을 거부했습니다.

분노한 파리 시민들은 다시 일어났습니다. 놀란 국왕은 도망치다가 붙잡혔고, 1793년 1월 단두대에서 처형됐습니다. 이로써 왕정이 폐지되고, 여럿이 합의하는 공화정이 시작됐습니다.

이 사건을 '프랑스 혁명'이라고 합니다. 미국 독립 혁명과 프랑스 혁명은 국가의 주권이 국민에게 있다는 이론을 확립하는 계기가 됐습니다.

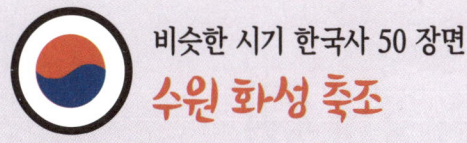

비슷한 시기 한국사 50 장면
수원 화성 축조

"수원 화산 아래로 하라!"

1789년 정조는 사도 세자의 묘를 옮기도록 했습니다. 그저 무덤만 옮기는 일처럼 보였지만, 정조에게는 남모를 원대한 계획의 시작이었습니다. 목표는 새로운 곳으로 도읍지를 옮겨 한양에 있는 기득권 세력을 약화시키는 동시에 왕권과 국력을 강화하는 일이었습니다.

"효율적인 성을 만들도록 하라!"

정조는 해마다 현륭원을 참배하면서 주변을 살펴본 뒤 수원에 화성(華城) 건설을 명했습니다. 1794년 총책임자로 임명된 실학자 정약용은 성(城)을 설계하고 거중기를 발명해서 공사 기간을 예상했던 10년보다 7년이나 단축했습니다.

1796년 가을에 완공된 수원 화성은 대단히 견고하게 지어져 군사적 방어가 완벽한 성곽으로서 위용이 대단했습니다. 아울러 내부에서 상업적 역할을 겸할 수 있었고 왕도를 옮길 경우, 정치적 중심지도 가능했습니다.

수원 화성은 1997년 유네스코 세계 문화유산으로 등록됐습니다.

39 1804년
프랑스, 나폴레옹 황제 즉위

"백성이 국왕을 죽이다니… 우리나라로 번지면 곤란해."

루이 16세를 처형하고 공화정을 세운 프랑스 혁명은 주변 여러 나라의 통치자들을 긴장시켰습니다. 영국을 중심으로 1793년 제1차 대프랑스 동맹이 결성됐으며, 연합군은 프랑스로 군대를 보내 혁명 정부를 무너뜨리고 왕정을 되살리려 했습니다.

"외국 군대를 물리칩시다!"

시민과 농민으로 이뤄진 프랑스 군대는 삼색기를 내세우고 용감하게 맞섰습니다. 프랑스 의회는 전투 경험이 많고 유능한 나폴레옹에게 이탈리아 원정군 사령관을 맡겼습니다. 나폴레옹은 군수품 보급에서부터 부대 편성과 전술에 이르기까지 다른 나라보다 군대를 선진화시키고 곳곳의 전투에서 승리를 이끌었습니다.

"저 너머에 먹을 것이 많으니 용기를 내자!"

나폴레옹은 험난한 알프스산맥을 넘어 진격하여 이탈리아를 점령했습니다. 내친김에 이집트에도 진군해서 알렉산드리아까지 차지했습니다. 나폴레옹의 인기는 프랑스에서 하늘을 찔렀습니다.

하지만 1798년 아부키르만 해전에서 넬슨 제독이 이끄는 영국 함대에 패하는 바람에 나폴레옹은 1년 남짓 이집트에 머물렀습니다.

"나폴레옹이 없을 때 프랑스를 칩시다!"

제2차 대프랑스 동맹이 프랑스 본토를 위협하자, 긴급히 파리로 돌아온 나폴레옹은 국가 비상사태를 들먹이며 쿠데타를 일으켜 정권을 잡았습니다. 1799년 '통령'이란 명칭으로 통치자가 된 나폴레옹은 1800년 오스트리아 군대를 격파하며 대프랑스 동맹을 무너뜨렸습니다.

"프랑스의 영웅을 황제로 모십시다!"

나폴레옹은 국민적 인기에 힘입어 1804년, 황제로 즉위했습니다. 나폴레옹은 새로운 나라를 세웠음을 강조하고자 《나폴레옹 법전》을 만들었는데, 이 법전은 많은 나라의 민법에 큰 영향을 끼쳤습니다.

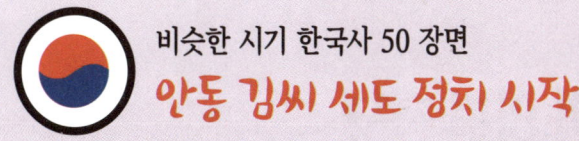

비슷한 시기 한국사 50 장면
안동 김씨 세도 정치 시작

1800년 정조의 뒤를 이어 조선 제23대 왕이 된 순조(純祖)는 당시 열 살이었습니다. 나이가 어려 나랏일을 제대로 처리할 수 없었으므로, 대왕대비 정순 왕후가 '수렴청정'을 하며 정치를 장악했습니다.

"천주교도들을 처형하라!"

1801년 이른바 '신유박해'가 일어났는데, 왕의 칙령이었지만 사실은 정순 왕후가 내린 지시였습니다. 정조는 실학자들이 연관된 천주교에 관대했지만, 정조에 원한을 품었던 정순 왕후는 천주교를 믿는 실학자와 관리들을 대대적으로 찾아내서 처벌했습니다.

1805년 1월, 정순 왕후가 60세 나이로 죽었지만, 이번에는 임금의 장인인 김조순이 권력을 행사했습니다. 이로써 안동 김씨의 세도 정치가 시작됐고, 외척이 나랏일을 좌우하는 세도 정치는 관리들을 타락시켰습니다.

1811년 평안도에서 '홍경래의 난'이 일어나는 등 민란이 잇달았지만, 안동 김씨는 1860년까지 권력을 누렸습니다. 국력은 약해졌고, 서양의 제국주의 열강에 제대로 대처하지 못했습니다.

40 1840년
티타임과 아편 전쟁

"홍차 한잔 같이해요."

19세기 초 영국에서는 오후에 차(茶)를 마시는 풍습이 널리 퍼졌습니다. 1840년 베드퍼드 공작부인은 오후 4시쯤 지인들을 불러 홍차와 함께 작은 케이크를 먹었는데, 이때부터 '티타임'이란 사교 문화가 생겼습니다.

"우유를 섞어 마시면 배고픔이 덜하지."

그 무렵 평민과 하류층 사람들은 홍차에 우유를 넣어 마셨습니다. 영국인들은 당시에 하루 두 끼만 먹었는데, 배고픈 오후에 우유 넣은 홍차를 마시며 늦은 저녁 식사 시간까지 견뎠습니다.

"은(銀) 여기 있으니 차를 주시오."

영국은 중국에서 차를 살 때 은을 지불했습니다. 청나라가 화폐로 은을 사용했기 때문입니다. 그런데 차를 구매할 은이 모자라자, 영국 상인들은 꾀를 내었습니다. 식민지 인도의 아편을 중국에 가져가 팔면서 은을 받은 것입니다. 이로 인해 중국에는 아편 중독자가 많아졌고, 이들은 아편을 사기 위해 앞다퉈 은을 내놓았습니다.

"은값이 너무 올랐습니다."

중국의 은이 영국으로 빠져나간 바람에 청나라에서 은값이 무척 비싸졌습니다. 곡물을 팔아 은으로 세금을 내야 하는 농민들의 부담이 커졌습니다. 깜짝 놀란 청나라는 아편을 몰수하고 통상을 금지했습니다.

"대함대를 보내 무역 제한을 없애고 영국 상품을 더 수입하게 합시다!"

그러자 영국 의회는 군대 파견을 놓고 투표했고, 아주 적은 차이로 파병을 결정했습니다. 1840년 일어난 아편 전쟁에서, 증기 군함을 가진 영국 함대가 범선뿐인 청나라에 이겼습니다. 1842년 난징 조약이

체결됐고, 청나라는 무역 제한을 없애고 홍콩까지 영국에 넘겨줬습니다.

서양 제국주의 열강은 아편 전쟁을 통해 청나라의 무력함을 깨닫고 이후 본격적으로 중국을 경제적으로 침략했습니다.

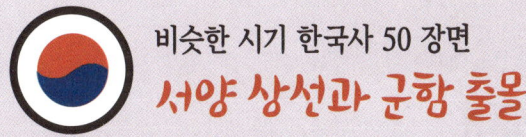

비슷한 시기 한국사 50 장면
서양 상선과 군함 출몰

"우리는 조선과 거래하고 싶습니다."

청나라가 아편에 고생하던 시기, 조선은 국제 정세를 제대로 내다보지 못했습니다. 1832년 영국 상선이 몽금포 앞바다에서 통상을 요청했지만, 서양과의 교류는 물론 외국 선박의 접근조차 금지했습니다. 애머스트호는 '조선에 공식적으로 통상을 요청한 최초의 서양인'이라는 기록만 남기고 남쪽 뱃길을 따라 사라졌습니다.

"《척사윤음(斥邪綸音)》을 널리 알려라."

1839년(헌종 5년), 조선 제24대 왕 헌종은 '간사한 것을 물리치는 임금의 말씀'을 책으로 간행해서 배포했습니다. 당시 대왕대비가 수렴청정했으므로 이 법령은 사실상 세도 정치를 펼친 안동 김씨의 뜻이었습니다. 자신들의 안락한 생활을 유지하고자 그 어떤 변화도 거부한 것입니다.

1840년에는 세도 정치의 주체가 풍양 조씨로 바뀌었으나, 여전히 외국에 적대적인 분위기가 유지됐습니다.

1845년 영국 군함, 1846년과 1847년 프랑스 군함이 우리나라에 나타났지만, 조선 지도자들은 그저 문만 닫고 국력을 키우지 않았습니다.

1861년
미국, 남북 전쟁

19세기 중엽 미국은 북아메리카 대륙 동부에서 서부까지 영토를 확장했습니다. 이 무렵 북동부에는 상품 제조 공장이 많아 상공업이 발달했고, 남부에서는 대규모 농장에서 목화를 재배해 영국에 수출해 큰돈을 벌었습니다.

"서부에서도 노예를 부려 목화를 재배해야 합니다."

"자유롭게 활동하게 해서 상공업을 발전시켜야 합니다."

당시 미개척 상태인 서부를 두고 북부와 남부 사이에 갈등이 일어났습니다. 자유민 노동자가 많은 북부에서는 언젠가 새로운 도시가 생길 서부에 노예제가 시행되기를 바라지 않았습니다. 이에 비해 남부의 백인들은 노예 소유 권리를 잃을까 불안해했습니다.

"노예제를 폐지해야 합니다."

1860년 링컨이 미국 대통령으로 당선되자, 1861년 남부의 7주는 연방 탈퇴와 독립을 선언했습니다. 그러고는 그해 4월 12일 남부 찰스턴 항구에 있는 섬터 요새를 공격했습니다.

"남부가 전쟁을 일으켰다!"

초기에는 11주로 늘어난 남부 연방이 힘을 발휘했습니다. 전세가 불리한 상황에서 링컨은 '홈스테드법'을 제정해 서부를 아군으로 만들었습니다. 자영 농민이 서부의 일정한 땅에 5년 동안 살면서 개척하면 땅 160에이커를 공짜로 준다는 토지법이었습니다.

"지금 즉시, 그리고 이후 영원히 자유를 부여합니다."

1863년 1월 1일 링컨은 반란 중인 남부 주(州)의 모든 노예에게 해방을 선언했습니다. 사실 남부는 링컨의 관할 영역이 아니었으므로 '노예 해방령'은 법률적 힘이 없었습니다. 그렇지만 흑인 노예들은 희망을 느꼈기에 도망쳐서 북부 군대로 찾아갔습니다.

"국민의, 국민에 의한, 국민을 위한 정치를!"

링컨은 11월 19일 남북 전쟁 격전지였던 게티즈버그에서 민주주의 정신을 강조했습니다. 전세는 역전됐고, 북부가 승리했습니다. 노예 제도는 폐지됐고, 흑인에게도 시민권이 주어졌습니다.

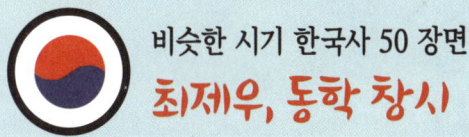

비슷한 시기 한국사 50 장면
최제우, 동학 창시

"인심은 사납고 나라는 어지럽구나."

19세기 중엽 최제우는 세상 사람들을 구할 방법을 알고자 여러 해에 걸쳐 하느님에게 정성을 들이며 수련했습니다.

그는 1860년 4월 천지가 진동하는 듯한 소리를 듣는 종교적 체험을 한 뒤 가르침에 마땅한 이치를 깨닫고는 도(道)를 닦는 방법을 만들었습니다.

"모든 사람은 자기 안에 한울님을 모시고 있습니다."

최제우는 1861년 포교를 시작했고, 서교(西敎, 천주교)에 맞선다는 뜻으로 '동학(東學)'이라 이름 붙였습니다. 아울러 어려움에 빠진 나라를 돕고 백성을 구해 편안하게 해 주는 교리임을 강조했습니다.

예상보다 많은 사람이 최제우에게 모여들었습니다. 특히 가난에 시달리던 농민들이 크게 호응했습니다. 1862년에는 진주에서 대규모 민란이 일어날 정도로 당시 백성들은 무능한 정부에 불만이 많은 상태였습니다.

놀란 정부는 1864년 최제우를 붙잡아 처형했습니다. 하지만 동학의 평등사상은 큰 영향을 끼쳤습니다.

1868년
42 일본 메이지 유신

19세기 중엽 미국은 동아시아에도 관심을 두며, 동아시아를 판매 시장으로 만들고자 했습니다. 하여 1853년 페리 제독을 대표로 보내 무력을 과시하며 통상을 요구했습니다.

일본을 다스린 에도 막부는 검은 증기선 군함 네 척의 위용에 겁먹고 불평등 조약을 맺었습니다.

"미국이 일본과 통상 조약을 맺었다네."

일본의 통상 수교 거부 정책(다른 나라와의 통상과 교역을 금지하는 정책)이 풀리자, 영국과 프랑스도 불평등한 통상 조약을 강요했습니다. 그러자 일본 내부에서 반발이 일어났습니다. 그동안 외면당해 온 사무라이들은 국왕을 중심으로 서양 오랑캐를 배척하자고 외쳤습니다.

"무능한 막부는 물러나고, 새로운 체제가 세워져야 합니다!"

사실 이 주장은 개혁적인 사무라이들이 국왕을 앞세우고 자신들의 계획대로 나라를 바꿔 보겠다는 뜻을 담은 말이었습니다. 일본 국왕은 국가적 제사를 지내는 상징적인 존재일 뿐, 아무 권력이 없었으니까요.

"예전 나쁜 풍습을 고쳐서 옳은 길을 따른다."

1868년 사무라이들은 쿠데타를 일으켜 막부로부터 권력을 빼앗은 뒤 메이지 국왕에게 대국민 선언문을 발표하게 했습니다. 이로써 '메이지 유신'이 시작됐는데, 당시 메이지는 열네 살이었습니다. 700년 넘게 이어온 봉건적 사회 질서는 순식간에 무너졌습니다.

"모든 땅은 국왕의 지배를 받아야 한다."

신진 사무라이들은 국왕의 이름으로 계속 새로운 정책을 발표했습니다. 이듬해 영주가 가진 영지에 대한 지배권을 국왕에게로 옮기면서 '번(藩)'을 '현(縣)' 체제로 바꿨습니다. 1872년에는 근대적 학교 교육 제도를 공포하고 소학교(초등학교)를 전국에 세웠습니다.

"신분제를 철폐하노라!"

한편으로 서양 선진국에 사절단을 보내 앞선 문물을 적극적으로 받아들였습니다. 덕분에 일본은 빠른 속도로 사회를 개편했고, 아시아에서 가장 먼저 자본주의적 국가이자 근대적 군사 강국이 됐습니다.

비슷한 시기 한국사 50 장면
통상 수교 거부 정책과 오페르트 사건

일본이 서양 문명을 배우며 근대화에 몰두할 무렵, 조선은 통상 수교 거부 정책으로 일관했습니다. 안동 김씨와 풍양 조씨의 60년 세도 정치는 그들만을 위한 세상이었고, 국가적 안목이나 백성을 위한 정치는 전혀 없었습니다. 뇌물 바친 자를 관리에 등용하고, 그렇게 자리를 차지한 관리들은 백성들로부터 갖가지 명목의 세금을 착취하면서 나라에 전달하는 공금마저 빼돌렸습니다.

1863년 흥선 대원군 이하응이 아들을 왕위에 올리는 데 성공하면서 세도 정치는 끝났지만, 통상 수교 거부 정책은 그대로 이어졌습니다. 유교적 관점에서 서양인은 조상에 대한 공경심이 없는 야만인이었기 때문입니다. 같은 맥락에서 제사 거부 이유로 천주교도들을 처형했습니다.

"남연군 능묘를 파헤쳤다고?"

1868년 독일인 상인 오페르트가 통상 요구를 이뤄내고자 이하응의 아버지 묘를 도굴했습니다. 이 사건은 실패했지만, 흥선 대원군은 물론 백성들의 반감을 불러일으켰습니다. 이후 조선은 더욱 강경한 통상 수교 거부 정책을 펼쳤고, 세계정세에 어두운 국가가 되었습니다.

43 1869년
수에즈 운하와 대륙 횡단 철도 개통

"어렵겠지만 해 보렵니다."

프랑스인 레셉스는 1858년 수에즈 운하 회사를 세우고 수에즈 운하 건설에 나섰습니다. 프랑스와 이집트 정부의 도움을 받아, 공사 착수 11년 만인 1869년 11월에 운하를 개통했습니다. 고대 이집트 왕조 때 건설하다 중단한 바 있으니, 인류 최초 착상 뒤 무려 4000년 만에 완공된 셈입니다.

"아프리카를 돌아가는 뱃길보다 세 배나 빠릅니다."

운하의 거리는 약 192킬로미터이고, 물 높이 조절용 갑문(閘門)이 없어도 자연적인 물길을 이용해 배가 다닐 수 있었습니다. 이로써 유럽에서 지중해를 통해 아시아까지 가는 뱃길 시간이 크게 줄어들었습니다. 운하 통행료를 내더라도 운항 경비가 훨씬 줄어드는 장점도 있었습니다.

"반드시 손에 넣어야 합니다."

영국은 수에즈 운하에서 얻을 수 있는 이익에 주목하며 기회를 노렸습니다. 1875년 이집트가 재정난으로 힘들어하자, 영국은 수에즈 운하

회사의 주식을 사들여서 대주주가 됐습니다. 그 뒤 프랑스와 영국이 공동으로 수에즈 운하를 관리하다가, 프랑스가 약해진 틈을 타서 영국이 이집트를 보호령으로 만들고 단독으로 운영권을 행사했습니다.

덕분에 영국은 막대한 통행 수익을 올리게 됐습니다.

"드디어 철도가 완성됐다!"

한편, 수에즈 운하가 완성된 1869년 미국에서는 대륙 횡단 철도가 개통됐습니다. 1862년 의회가 철도 회사 두 곳의 설립을 승인해 준 뒤 7년 만의 일이었습니다. 한 회사는 시에라네바다산맥을 통과하는 공사 때 많은 노동자가 다치거나 떠나자, 급히 수천 명의 중국인 노동자를 고용해 위기를 넘겼습니다. 이로 인해 중국인이 미국에 많아졌습니다.

"칙칙폭폭, 칙칙폭폭!"

대륙 횡단 철도로 인해 북아메리카 동부에서 서부까지 사람들은 기차로 편히 가고, 물건을 쉽게 이동시킬 수 있게 됐습니다. 이후 미국의 철도망은 거미줄처럼 퍼지며 교통 혁신을 이뤘습니다.

비슷한 시기 한국사 50 장면
경복궁 중건, 당백전 발행

"임진왜란 때 불타 없어진 경복궁을 재건하라!"

이집트에서는 수에즈 운하, 미국에서는 대륙 횡단 철도 건설이 한창 진행될 무렵 조선에서는 경복궁을 다시 세우는 데 온 힘을 쏟았습니다. 세도 정치로 인해 국왕의 위신이 땅에 떨어진 시기였기에, 1863년부터 아들 고종을 대신해 나라를 다스린 흥선 대원군은 웅장한 궁궐을 통해 왕실의 권위를 되찾고자 1865년 공사를 시작했습니다.

"공사비가 부족합니다."

대원군은 필요한 경비를 마련하고자 당백전을 발행했습니다. 당백전의 법정 가치는 상평통보의 100배였지만, 실제 가치는 그보다 한참 낮았습니다. 이로 인해 화폐 가치가 떨어지고 물가가 치솟는 부작용이 생겼습니다.

1867년 경복궁이 완공됐지만, 백성들로부터 환영받지 못했습니다. 세도 정치 때 채용된 부패한 관리들이 곳곳에서 여전히 백성을 착취했기 때문입니다. 그런데도 대원군은 왕실 재정난을 해결하고자 1868년 당백전을 쓰라고 명령하고, 1869년에는 자발적 기부금이란 명목으로 '원납전'을 받았습니다. 국가 경제와 질서는 크게 흔들릴 수밖에 없게 됐습니다.

1896년
제국주의와 근대 올림픽 대회

"여기는 우리 차지이니, 넘보지 마라!"

19세기 말엽, 자본주의 체제의 유럽 열강은 군사력을 앞세워 아시아와 아프리카에서 대부분 영토 분할을 완료하면서 제국주의의 길을

걸었습니다. '제국주의'는 군사적, 경제적으로 다른 나라를 정복하여 큰 나라를 세우려는 침략주의적 움직임을 이르는 말입니다.

"싸게 사서, 비싸게 팔자."

유럽 열강은 식민지에서 원료를 값싸게 가져오는 반면에 자신들이 만든 상품을 비싸게 팔아 큰 이익을 남겼습니다. 또한 식민지에 공장과 농장을 만들고 현지 노동자들을 헐값에 고용하거나 재정이 허약한 나라에 높은 이자로 돈을 빌려주는 방법으로도 막대한 돈을 벌었습니다. 자본주의의 나쁜 모습이 활개치는 시기였지요.

"돈이 돈을 버는 법이지."

군사 강국들이 경쟁적으로 약소국들을 침탈하느라 바쁠 때, 식민지로 전락한 나라의 백성들은 굶주림에 시달렸습니다. 이에 아랑곳하지 않고 열강은 더 큰 제국을 이루고자 경쟁국과의 전쟁을 마다하지 않는 상황에 이르렀습니다.

"그래, 이거야! 올림픽!"

그 무렵 프랑스인 쿠베르탱은 각국의 대립과 침탈이 심해짐을 걱정하면서 뭔가 해결책이 없을까 고심했습니다. 그는 그리스 여행 중 고대 올림픽 경기 발상지 발굴 현장에서 올림픽 부활을 결심했습니다.

쿠베르탱은 1892년 근대 올림픽을 주창하고, 1894년 국제 올림픽 위원회(IOC)를 창설하면서 2년 뒤 올림픽 대회 개최 합의를 이끌어냈습니다.

"올림픽 기간에는 전쟁이 없었습니다."

쿠베르탱은 스포츠를 통해 세계 평화를 추구하며 1896년 그리스 아테네에서 제1회 근대 올림픽 대회를 열었습니다. 첫 대회는 14개국 241명 참가로 작은 규모였지만, 점차 영향력을 발휘하며 규모가 커졌습니다.

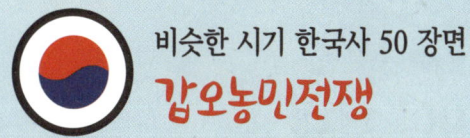

비슷한 시기 한국사 50 장면
갑오농민전쟁

"우리를 속이다니, 도저히 못 참겠다!"

1894년(고종 31년) 1월, 전라도 고부에서 전봉준을 비롯한 동학교도들이 관아를 습격했습니다. 이들은 불법으로 뺏긴 곡식을 농민에게 도로 나눠 주고, 착취의 상징인 '만석보'를 허물었습니다. 고부 군수 조병갑은 백성들을 동원해 저수지를 만들 때 물 사용료를 받지 않겠다고 약속했지만, 완성된 뒤에는 말을 바꾸고 수세(水稅)를 받았으며, 다양한 방법으로 세금을 뜯어냈습니다.

정부가 고부 군수를 바꾸고 농민을 달래자, 농민군은 해산했습니다. 하지만 사후 처리를 맡은 안핵사 이용태는 봉기한 농민들을 동학 폭도로 몰아 처벌하며 사태를 악화시켰습니다. 이에 동학교도들은 대대적으로 반발했습니다.

정부는 자체 군대로 동학군을 제압하지 못하자, 일본군의 도움을 받았습니다. 1895년 동학군은 관군과 일본군에게 패배했고, 지도자 전봉준은 처형됐습니다. '갑오농민전쟁'은 당시 조선 정부 관리들이 얼마나 부패하고 무능했는지 보여 주는 안타까운 사건입니다.

1900년
의화단의 난, 러일 전쟁

"청나라를 돕고 서양을 물리치자!"

1899년 중국 산둥성에서 봉기한 의화단(義和團)은 교회를 부수면서 중국 주재 외국 기관까지 파괴했습니다. 의화단은 남녀가 한자리에 모이고 조상에 대한 제사를 금지하는 기독교를 몹시 못마땅해했으며, 서양 열강이 중국을 착취해가는 것에 대해서도 분노했습니다.

비밀 결사 단체인 의화단은 폭도처럼 사나웠습니다.

"의화단을 진압하라!"

청나라 조정은 1900년 초, 관군을 동원해 의화단의 난동을 제압하려 했습니다. 의화단은 정부군에 쫓기면서도 각지의 교회와 서양인이 건설한 철도, 철교 등을 닥치는 대로 파괴했습니다. 그러자 일부 관료들이 외국 세력을 물리치는데 의화단을 활용하자고 건의했고, 실권자인 서태후는 상황을 지켜보다가 승인했습니다.

1900년 6월 당당히 베이징에 들어온 의화단은 베이징에 있는 외국인들을 무자비하게 죽였습니다. 의화단을 지나치게 믿은 청나라 조정은 6월 21일 각국에 선전 포고했습니다. 영국·미국·일본 등 8개국은 자국인을 보호하고자 연합군을 결성해 대응에 나섰습니다. 지리적으로 가까운 일본이 가장 많은 군대를 보냈고, 전쟁은 8월 14일 신식 무기로 무장한 연합국 승리로 끝났습니다.

"닥치는 대로 약탈하라!"

이번에는 연합국의 노략질이 벌어졌습니다. 베이징에 들어간 연합군 군인들은 궁궐의 보물을 비롯해 부잣집을 뒤지며 뭐든 보이는 대로 가져갔습니다.

1901년 청나라는 연합국에게 모든 걸 배상해 주는 굴욕적인 협정을 맺었습니다. 여기에는 외국 군대 허용까지 포함됐습니다.

"청나라는 끝났으니 이번에는 조선이다!"

1904년, 러시아와 일본은 조선에 대한 지배권을 두고 전쟁을 벌였습니다. 일본은 2월 9일 인천에 있는 러시아 군함을 기습 공격해 격침시킨 다음 날 선전 포고했습니다. 1905년 러일 전쟁에서 승리한 일본은 한반도의 주인 행세를 했습니다.

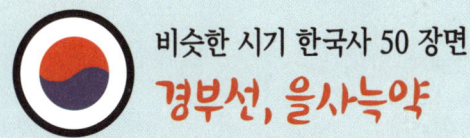

비슷한 시기 한국사 50 장면
경부선, 을사늑약

"이제 서울부터 부산까지 기차로 갈 수 있습니다."

1905년 1월 1일 우리나라에서 경부선이 개통됐습니다. 말이나 마차를 타고 가는 것보다 훨씬 빠르므로 교통 시간이 크게 단축되는 경사스러운 일이지만 속사정은 그렇지 않았습니다.

일본은 1900년대 초부터 친일파 매국노들을 이용해 대한 제국을 사실상 장악하고 자신들의 야욕을 채워나갔습니다. 또한 일본은 러일 전쟁과 만주 침공 계획을 세운 뒤 군대와 군용 물자의 빠른 수송을 위해 한반도에 철도를 놓고자 길을 살폈습니다.

그 결과 일본에서 가장 가까운 부산부터 서울까지 경부선을 신설했고, 같은 해 11월 5일 용산역에서 신의주역을 연결한 경의선을 개통했습니다. 이 철도 노선은 실제로 일본군의 만주 진출에 큰 역할을 했습니다.

한편 일본은 1905년 11월 17일 대한 제국의 매국노 대신들과 외교권 박탈과 통감부 설치가 핵심 내용인 을사늑약을 맺었습니다. 분노한 백성들은 이때부터 의병을 일으켜 저항에 나섰습니다.

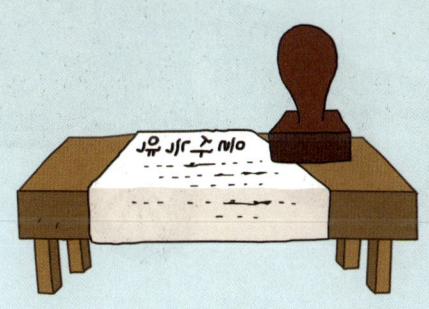

46 1914년
제1차 세계 대전

"탕탕!"

1914년 6월 28일, 세르비아 청년이 사라예보 거리에서 차를 타고 지나가는 오스트리아 황태자 부부를 암살했습니다. 당시 오스만(오스트리아-헝가리) 제국이 사라예보를 행정 중심지로 삼자, 세르비아인이 반발한 상태였습니다. 분노한 오스트리아는 세르비아에게 선전 포고를 했습니다.

"우리가 도와주리다!"

다른 나라들도 끼어들면서 세계 대전으로 확대됐습니다. 독일이 오스트리아와 동맹을 맺어 한편이 됐고 프랑스, 영국, 러시아, 이탈리아, 일본이 세르비아를 돕고자 연합국으로 참전했습니다. 여기에는 저마다 자국에 필요한 이권을 지키려는 속셈이 있었습니다.

"쾅쾅!"

1914년 8월 시작된 전쟁 초기에는 우수한 무기를 가진 독일 덕분에 동맹국이 우세했습니다. 하지만 연합군은 풍부한 물자와 더 많은 해군력으로 전세를 뒤집었습니다. 이 전쟁에서는 구덩이를 파고 버티는 참호전뿐만 아니라 탱크, 기관총 전투기, 폭격기, 잠수함, 독가스 같은 신무기들이 대거 등장해 많은 사람을 죽였습니다.

"모두가 일해야 합니다!"

전쟁은 후방에 있는 사람들도 바쁘게 만들었습니다. 전투에 필요한 군수품을 생산해서 군인들에게 빨리 보내야 했기 때문입니다. 이로 인해 주로 집에만 있던 여성들도 공장에서 일하게 되자, 단발머리를 비롯해 실용적인 옷차림이 유행했습니다. 제1차 세계 대전이 여성의 사회 진출을 이끈 셈입니다.

"연합국으로 가는 미국의 수송을 차단하라!"

전세가 불리해지자 독일은 1917년 2월, 무제한 잠수함 작전을 개시해서 미국의 상선과 여객선을 침몰시켰습니다. 미국이 연합국에 가담해 참전했고, 1918년 연합국이 승리를 거뒀습니다.

제1차 세계 대전은 사상자 3700만 명, 민간인 희생자 1천여 만 명이라는 끔찍한 결과를 낳았습니다.

비슷한 시기 한국사 50 장면
독립운동 단체 결성

"강대국과의 교역에서 잃은 것을 조선·중국 같은 약자에게 착취해 보충하는 게 가장 상책이다."

일본의 메이지 유신을 이끈 요시다 쇼인이 한 말인데, 20세기 들어 일본의 제국주의자들은 그 말을 철저히 실행했습니다.

1905년 을사늑약에 반발하여 백성들이 의병 운동을 일으키자, 신식 무기로 무장한 일본군으로 제압한 뒤 1910년 조선을 불법적으로 강제 합병하고는 본격적 약탈에 나섰습니다.

"밖에 나가서 항일 투쟁을 해야겠어."

독립 의지가 강한 의병들은 만주와 연해주로 갔고, 민족 선각자들도 조직적인 대응의 필요성을 느꼈습니다. 1913년 안창호는 미국에서 흥사단을 결성하여 실력 양성 운동에 나섰고, 1914년 박용만은 독립군을 양성하고자 하와이에서 대조선 국민 군단을 만들었습니다.

국내에서는 1913년 대구에서 무장 독립운동 단체 대한 광복단이 조직됐고, 1915년에는 조선 국권 회복단과 통합한 대한 광복회가 결성됐습니다. 이들은 나름의 방법으로 일제에 저항하며 독립을 추구했습니다.

47 1917년 러시아 혁명

"배고파서 못 살겠다!"

1917년 3월 러시아 수도 페트로그라드(상트페테르부르크의 옛 이름)에서 노동자들이 파업을 일으키며 거리로 나섰습니다. 제1차 세계 대전에서 독일군에게 계속 지고 식량까지 부족해지자 폭동을 일으킨 것입니다. 여기에 수도를 경비하던 군인들까지 가세해 크게 외쳤습니다.

"무능한 황제는 퇴위하라!"

결국 니콜라이 2세는 황제 자리에서 물러났고, 입헌 민주당이 임시 정부를 수립하여 자유주의적 정책을 폈습니다. 러시아 임시 정부는 전쟁을 포기하지 않고 계속하려 했습니다. 그러자 레닌을 중심으로 한 볼셰비키가 반발하며 그해 10월에 다시 혁명을 일으켰습니다.

"평화와 빵과 토지를!"

'볼셰비키'는 '다수파'라는 뜻이며, 레닌은 노동자들의 전폭적 지원에 힘입어 임시 정부를 무너뜨리고 소비에트 정부를 세웠습니다. '대표자 회의'를 의미하는 '소비에트'는 의회를 대신하는 권력 기구입니다.

이로써 세계 최초로 사회주의 혁명이 성공했습니다.

"일부가 독점하는 자본주의는 나쁩니다."

자본주의와 공산주의 사이에 있는 '사회주의'는 생산 수단을 공유하여 모든 사람이 평등하게 살 수 있는 사회를 실현하려는 사상을 이르는 말입니다. 러시아 혁명은 주변 나라의 노동자들과 왕정 체제에 반감을 가진 사람들에게 큰 영향을 끼쳤습니다.

"우리는 싸우지 맙시다."

1918년 3월, 레닌은 독일과 강화 조약을 맺어 전쟁을 중단했습니다. 그러고는 은행, 공장, 철도 등 모든 산업과 토지를 나라의 소유로 만들고, 개인적인 소유를 금지했습니다. 이어 레닌은 모스크바로 수도를 옮겼으며, 1922년 '소비에트 사회주의 공화국 연방(소련)'을 세웠습니다.

그렇지만 이후 소련은 독재 정치를 펼치며 공산주의 확산에 몰두했습니다. 이로 인해 당 간부를 제외하고 대다수 소련 국민은 정신적, 경제적으로 여유롭지 못한 삶을 살게 됐습니다.

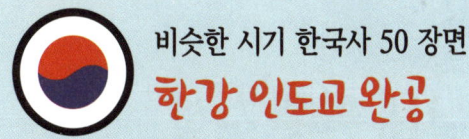

비슷한 시기 한국사 50 장면
한강 인도교 완공

"철교 위를 걸어서 한강을 건너갈 수 있습니다."

러시아 혁명이 일어난 때인 1917년 10월에 '한강 인도교'가 완공됐습니다. 조선 정조 임금이 배다리를 이용해 건너간 곳에 이름 그대로 '사람을 위한 다리'가 생긴 것입니다.

구경 나온 이들은 신기해하며 철교 위를 걸어 다녔습니다. 배를 타고 건너는 것보다 편하고 안전했기에 한강 인도교는 이내 장안의 명물이 됐으며 '한강 대교'라는 별명도 생겼습니다.

"한강 철교보다 넓고 좋다!"

한강에 놓인 최초의 다리는 1900년 건설된 '한강 철교'이지만, 거기에는 기차를 위한 철로만 있었을 뿐 자동차와 통행자를 위한 도로가 없었습니다. 그런데 1912년 민간인 영업차가 수입되면서 자동차를 위한 한강 다리의 필요성이 생겼습니다. 하여 1912년부터 계획을 세우고 1916년 공사에 착수해서 1년 7개월 만에 완성한 것입니다.

한강 인도교는 목조 다리 일색이던 우리나라에 철근 콘크리트 구조물이 본격화됨을 알리는 신호였습니다.

48 1919년
베르사유 조약, 국제 연맹 창설

"휴전합시다!"

제1차 세계 대전 막바지이던 1918년 가을, 전세의 불리함을 느낀 불가리아와 튀르크가 연합국에 휴전을 제의했습니다. 독일에서도 전쟁 반대와 황제 퇴위를 외치는 목소리가 커졌습니다. 결국 독일 황제가 물러났고, 11월 11일 독일 임시 정부와 연합국 사이에 휴전 조약을 맺고 전쟁을 끝냈습니다.

"윌슨의 14개 조 원칙에 따라 평화를 논의합시다."

연합국은 전쟁 이후 처리를 위해 모이면서 미국 대통령 윌슨이 1919년 1월 8일 제창한 평화 원칙을 거론했습니다. 윌슨의 주장은 공개 외교, 자유 무역, 군비 축소, 민족 자결, 국제 평화 기구 설립 등이 핵심이었습니다.

"독일 주민과 영토를 10퍼센트 줄인다."

1919년 6월 프랑스 베르사유 궁전에서 31개 연합국은 전쟁 책임이 독일에 있다면서 '독일의 영토를 줄이고 해외 식민지를 없애며 엄청난 액수를 배상해야 한다'라는 내용의 평화 조약서를 내밀었습니다. 이를 '베르사유 조약'이라고 합니다.

"너무 치욕적이다!"

예상보다 가혹한 조약 내용에 독일은 반발했지만, 이미 전쟁에 진 신세였기에 거부할 방법이 없었습니다. 독일은 별수 없이 평화 조약을 체결하면서 속으로 뒷날을 기약하며 화를 참았습니다. 그리고 이후 독일은 이 조약을 파기했습니다.

"지구에서 전쟁을 없애 버립시다."

한편 베르사유 조약을 실행에 옮기고자 1920년 스위스 제네바에 본부를 둔 '국제 연맹'을 창설했습니다. 그런데 정작 제창한 미국은 의회 반대로 참여하지 못했고, 소련도 참가하지 않았으며, 패전국 독일은 아예 참가가 허용되지 않았습니다.

이에 따라 영국과 프랑스가 국제 연맹을 주도하며 자신들 이익에 맞게 운영했습니다. 세계적인 영향력이 미약했던 국제 연맹은 1945년 국제 연합(UN)에 세계 평화 유지 역할을 넘기고 이듬해 해체됐습니다.

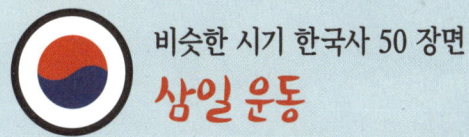

비슷한 시기 한국사 50 장면
삼일 운동

"모든 민족은 독자적인 정부를 구성할 권리가 있다."

미국 대통령 윌슨의 '민족 자결'은 원래 제1차 세계 대전 패전국의 식민지에만 적용되는 말이었습니다. 하지만 일본의 지배를 받는 한국인들도 자극받았습니다.

1919년 2월 8일 일본 도쿄에 있는 유학생들이 독립을 선언하자, 3월 1일 국내 여러 종교와 단체 대표 33인이 태화관에 모여 독립 선언서를 소리 내어 읽었습니다.

"대한 독립 만세!"

이 무렵 탑골 공원에 모인 사람들은 비무장으로 만세 행진을 벌였고, 만세 운동은 전국적으로 확산했습니다. 일제는 경찰과 군대를 동원해서 무차별적으로 총을 쏘며 제압에 나섰습니다. 만세 운동은 4월 말까지 계속됐고 이 과정에서 7500명이 사망했고 1만 5000명이 다쳤으며 1만 8000명이 구속됐습니다.

만세 운동은 결국 진압됐지만, 세계 여러 나라에 한민족의 독립 의지를 알렸으며, 일본에 대한 국제 여론을 악화시켰습니다. 이에 일본은 '무단 통치'에서 '문화 정치'로 전략을 바꿨습니다.

1929년
대공황, 뉴딜 정책

1920년대 중엽 미국은 경제적 번영을 누렸습니다. 미국은 제1차 세계 대전 중 본토는 공격을 받지 않아 물자를 생산해서 유럽에 팔아 이익을 얻고, 전쟁이 끝난 뒤에는 다른 나라에 복구 자금을 빌려주면서 세계 경제의 중심 국가가 됐습니다.

회사가 발전함에 따라 주식 가치가 올라가서 부자가 된 자본가들이 많아졌으며, 미국 경제를 상징하는 뉴욕에는 높은 빌딩이 잇따라 세워졌습니다.

"공장 시설을 효율적으로 바꿔야겠어."

미국 기업들은 기계화된 공장에서 상품을 더 많이 생산했습니다. 이에 비해 도시 노동자들은 임금이 별로 늘지 않아서 상품을 살 구매력이 약해졌습니다. 농촌 역시 기계화 때문에 농작물 생산량은 늘었지만, 곡물 가격이 하락해서 농부의 수입은 줄어들었습니다. 상품은 많아졌는데, 그걸 살 사람이 크게 줄어든 것입니다.

"재고가 너무 많네."

공급이 넘쳐나자, 공장 창고에는 팔리지 않아 쌓아둔 상품이 많아졌습니다. 포드 자동차를 비롯해 여러 회사의 매출이 떨어지자, 실망한 주식 투자자들이 앞다퉈 주식을 내놓았습니다.

"주가 대폭락!"

1929년 10월 24일 뉴욕 증권 시장에서 주가가 확 떨어졌습니다. 돈

이 부족할까 불안을 느낀 회사 관계자와 예금주들은 은행으로 몰려가서 돈을 찾았습니다. 이로 인해 수많은 공장과 은행이 망하고, 거리에는 일자리를 잃은 사람들로 가득했습니다.

미국 정부가 긴급히 외국에 빌려준 돈을 회수하자 유럽 경제도 혼란에 빠졌습니다. 이를 '대공황'이라 합니다.

"뉴딜 정책으로 극복합시다!"

1933년 취임한 미국 제32대 대통령 루스벨트는 테네시 계곡 일대에 댐 20여 개를 건설해 일자리를 만들고, 사회 보장 제도를 시행해 가난한 사람들을 구했습니다. 결국 미국은 대공황을 이겨내고 다시 경제 강국으로 우뚝 섰습니다.

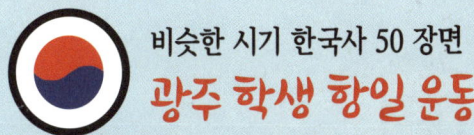

비슷한 시기 한국사 50 장면
광주 학생 항일 운동

1929년 11월 3일 광주에서 일본인 남학생들이 한국인 남학생들에게 시비를 걸더니 칼로 얼굴을 찔렀습니다. 며칠 전에 일본인 학생들이 한국인 여학생을 성희롱하고 모욕한 일도 있었습니다. 소식을 들은 광주 지역 학생들이 몰려나와 민족 차별에 분노했습니다.

"조선 독립 만세!"

광주 학생들은 만세를 외치거나 운동가를 부르면서 거리를 걸었습니다. 일본 경찰은 해산 명령을 내렸지만, 참여자는 오히려 늘었습니다. 학생들은 교문에서 해산하면서 학교에 가지 않는 '동맹 휴교'를 다짐했습니다.

"며칠 동안 학교 문을 닫는다."

놀란 일본 당국은 임시 휴교를 결정하고 학생들을 달래는 한편으로 처벌하겠다는 양면 정책을 썼습니다. 그러나 광주 학생들은 몇 차례 더 거리를 행진하며 독립의 의지를 밝혔습니다. 이 소식은 다른 지역에 전해져 학생 만세 운동이 전국적으로 퍼졌습니다.

광주의 2천여 학생이 궐기한 항일 투쟁은 우리나라 학생 운동의 출발점입니다.

1939년
제2차 세계 대전

"대독일을 건설해서 게르만 민족의 우수성을 알려야 합니다."

세계가 대공황으로 혼란스러울 때, 히틀러는 나치당을 만든 뒤 뛰어난 웅변으로 불만 심리를 자극하며 사람들을 홀렸고, 인기에 힘입어 1933년에 정권을 잡았습니다.

"나는 제국 총리이자 독일군 총사령관을 겸직하겠소."

강력한 권한을 지닌 히틀러는 모든 활동을 통제하면서 군사력을 키웠습니다. 제1차 세계 대전에서 패한 뒤 복수를 꿈꿨던 독일인들은 '빼앗긴 식민지를 되찾자'며 군사 강국으로 걸어가는 히틀러를 열광적으로 추종했습니다.

히틀러는 1939년 9월, 선전 포고 없이 폴란드를 침공하여 제2차 세

게 대전을 일으켰습니다. 폴란드와 상호 원조 조약을 맺었던 영국은 프랑스와 함께 독일에 맞섰습니다. 하지만 독일은 폴란드를 점령한 뒤 덴마크, 네덜란드, 벨기에마저 침공했습니다.

"우리에게는 마지노선이 있다!"

프랑스가 국경 방어를 자신하자, 독일은 벨기에로 돌아서 프랑스로 쳐들어갔습니다. 여기에서 '마지노선(최후 방어선)이 무너지다'라는 관

용어가 생겼습니다. 히틀러는 파리를 함락하자마자 영국에 대한 공격을 감행했습니다. 독일은 1940년 이탈리아와 동맹을 맺은 뒤 발칸반도도 공격했습니다.

"옳거니, 바로 이때다."

1941년 일본은 프랑스가 독일에 항복한 틈을 타서 프랑스령 인도차이나를 점령했습니다. 이에 미국과 영국은 일본에 대한 석유 수출과 물자 이동을 금지했습니다. 일본은 1941년 12월, 하와이주 진주만을 기습 공격해서 태평양 전쟁을 일으켰습니다.

처음에 고전하던 미국은 1942년 6월, 미드웨이 해전에서 승리한 뒤 전세를 뒤집었습니다. 미국이 참전하면서 연합국이 승기를 잡았고, 제2차 세계 대전은 1945년 연합국의 승리로 끝났습니다.

이 전쟁 때문에 5천만 명이 죽었고, 많은 도시가 폭격에 파괴됐습니다. 히틀러는 유대인을 5백만 명이나 죽였습니다. 여러 면에서 역사상 최악의 참상이었습니다.

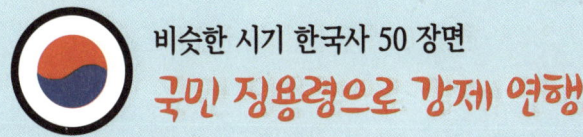

비슷한 시기 한국사 50 장면
국민 징용령으로 강제 연행

"모든 국민은 국가를 위해 일해야 합니다."

1937년 중국 대륙을 점령하고자 중일 전쟁을 일으킨 일본은 1939년 7월 '국민 징용령'을 제정하고 군수 공장과 광산에서 일할 노동자들을 모집한다고 알렸습니다. 처음에는 모집을 통해 뽑았지만 이내 가족에게 연락도 하지 않고 조선인을 마구잡이로 붙잡아갔습니다.

"제발, 집에 알려 주세요."

1백만 명이 넘는 조선인이 광산이나 건축 현장에서 힘든 일을 도맡아 했습니다. 일본 관리는 품삯을 나중에 한꺼번에 주겠다며 보관하고는 끝까지 한 푼도 주지 않았습니다. 깊은 지하 탄광 벽에 '어머니 보고 싶어요'라는 글을 쓰고 숨진 조선인도 많았습니다.

전쟁이 길어지자 1944년에는 '여자 정신대 근무령'과 '학도 근로령'을 제정해서 젊은 여성과 학생들까지 전선으로 끌고 갔습니다. 이때 끌려간 여성들은 일본군의 성적 노리개가 됐고, 학생들은 총알받이가 되어 죽었습니다. 전쟁이 끝난 뒤 상당수는 돌아오지 못했습니다.